Familias reconstituidas

Coordinador:

Xavier Abel Lluch

Magistrado-Juez del Juzgado de Primera Instancia n.º 14 de Barcelona. Doctor en Derecho

sepin

C/ Mahón, 8
28290 Las Rozas (Madrid)
Tel.: 91 352 75 51
www.sepin.es
sac@sepin.es

Precio: 35 euros (4 % IVA no incluido)

ISBN:978-84-1388-098-3
Depósito legal: M-29895-2021

Producción gráfica: **sepín**, S. L.

Impresión: Service Point, S. A.

Índice de autores

Coordinador

Abel Lluch, Xavier
Magistrado-Juez del Juzgado de Primera Instancia n.º 14
de Barcelona. Doctor en Derecho

Autores

Abel Lluch, Xavier
Magistrado-Juez del Juzgado de Primera Instancia n.º 14
de Barcelona. Doctor en Derecho

Arch Marín, Mila
Psicóloga forense. Doctora en Psicología.
Profesora Titular de la Universidad de Barcelona

Balcells López, Natàlia
Psicóloga. Miembro del Comitè d'Ètica
de l'Equip d'Assessorament Tècnic en l'Àmbit de Família (EATAF)

Berenguer Messeguer, Montserrat
Psicóloga. Miembro del Comitè d'Ètica de l'Equip
d'Assessorament Tècnic en l'Àmbit de Família (EATAF)

Campos Reig, Virtudes
Fiscal adscrita a la Fiscalía
de Familia en Barcelona

Fariña Rivera, Francisca
Catedrática de Psicología Básica y Psicología Jurídica
del Menor de la Universidad de Vigo.
Presidenta de la Asociación Iberoamericana de Justicia Terapéutica

García González, José Antonio
Abogado. Vocal de la Junta
de la Societat Catalana d'Advocats de Família

Herrera Ferré, Òscar
Trabajador social. Miembro del Comitè d'Ètica
de l'Equip d' Assessorament Tècnic en l'Àmbit de Família (EATAF)

Martí Agustí, Gabriel
Psicólogo. Miembro del Comitè d'Ètica
de l'Equip d'Assessorament Tècnic en l'Àmbit de Família (EATAF)

Ortiz Rodríguez, Carmen
Magistrada-Juez del Juzgado
de Primera Instancia n.º 16 de Barcelona

Ruiz Palacios, Raquel
Psicóloga. Miembro del Comitè d'Ètica
de l'Equip d'Assessorament Tècnic en l'Àmbit de Família (EATAF)

Solé Resina, Judith
Catedrática de Derecho civil
de la Universitat Autònoma de Barcelona

Tintoré Garriga, Pilar
Abogada. Presidenta de la Sección del Derecho de la Infancia
y Adolescencia del Il·lustre Col·legi de l'Advocacia de Barcelona

Ureña Carazo, Belén
Magistrada-Juez del Juzgado de Primera Instancia n.º 7
de Marbella. Doctora en Derecho

Sumario

Presentación

La presente obra es el resultado de un seminario interdisciplinar de reflexión que tuvo lugar durante el curso académico 2020-2021, y en el que han intervenido jueces, fiscales, abogados, psicólogos y profesores universitarios, todos ellos con experiencia en los procesos de ruptura de pareja.

Se ha reflexionado sobre el fenómeno, cada vez más habitual, de las familias reconstituidas en diversos ámbitos o esferas, desde su regulación en Derecho comparado, pasando por las facultades o deberes que asisten a los llamados "padres sociales" frente a los hijos de su anterior pareja, hasta finalmente los dilemas éticos que ofrecen estas familias reconstituidas.

El análisis se ha enfocado partiendo del punto de partida de la diversificación de la institución familiar, de la conveniencia de encontrar marcos legales que permitan repensar la institución familiar y con la finalidad de dar respuestas a los problemas que, ante la falta de una regulación legal, se presentan en la práctica de los juzgados y tribunales.

El trabajo consta de ocho estudios que, resumidamente, enumeramos y presentamos seguidamente.

Francisca Fariña Rivera, presidenta de la Asociación Iberoamericana de Justicia Terapéutica, y Mila Arch Marín, psicóloga forense y profesora de la Universidad de Barcelona, en el estudio sobre la justicia terapéutica y el Derecho de familia, abordan los orígenes y finalidades de la justicia terapéutica, concebida esta como un agente terapéutico, especialmente, en los procesos de familia, apuntando que los operadores jurídicos, y en particular abogados y jueces, deberían adquirir en su formación habilidades propias de las ciencias de la conducta humana, y, entre ellas, la gestión de emociones, la escucha activa, el saber ser empático siendo imparcial, el reconocer la violencia y el trauma en las personas y conocer cómo les afecta, saber preguntar a personas en situación de vulnerabilidad y dirigirse a ellas para lograr colaboración e implicación para el cambio. Igualmente, abogan y defienden la necesidad de una especialización en las materias de infancia, familia y capacidad.

Judith Solé Resina, catedrática de Derecho Civil de la Universidat Autònoma de Barcelona, nos ofrece un concepto de familias reconstituidas —también denominadas recompuestas, combinadas, ensambladas, familias complejas, segundas familias o familias plurales— como las formadas por personas que, tras la extinción de una relación anterior, contraen un nuevo matrimonio o constituyen una pareja estable —homosexual o heterosexual— y crean un nuevo hogar en el que conviven de forma permanente o temporal con al menos un hijo no común, fruto de una anterior relación de cualquiera de ellos —o de los dos—. Constata que el Código Civil común no contiene una definición de la familia reconstituida, a diferencia del Código Civil Catalán, que la define como "*aquella que se compone de los progenitores, los hijos de cada uno de ellos no comunes y los hijos comunes de la actual unión*" (art. 231-1.2 CCCat) o la Compilación de Derecho Civil de Navarra, que la define como "*los hijos de cada progenitor que convivan en el mismo grupo familiar, sin que su pertenencia a ellas modifique el vínculo con el otro progenitor y con los efectos que el ordenamiento jurídico determine*" (párrafo segundo de la Ley 50).

Analiza exhaustivamente los efectos de la familia reconstituida, tanto en el ámbito personal —en el que hay que determinar hasta qué punto la pareja del progenitor debe prestar cuidado y atención personal a los hijos no comunes y si estos, por su parte, tienen deber de obediencia respecto a aquel— como en el terreno patrimonial, y particularmente si el cónyuge o la pareja del progenitor debe prestar atención económica a los hijos no comunes, y si estos deben contribuir al levantamiento de cargas de la familia reconstituida. Finalmente, aborda la problemática de las relaciones entre los hijos y la pareja del progenitor cuando este muere.

Belén Ureña Carazo, magistrada del Juzgado de Primera Instancia n.º 7 de Marbella y Doctora en Derecho, aborda la regulación en Derecho comparado de las familias reconstituidas, partiendo de la existencia de tres modelos. El primero, el modelo *exclusivo*, en el que la institución de la guarda y custodia compartida y el principio de la biparentalidad comportan la permanencia de las prerrogativas parentales a cargo de los padres biológicos, dejando fuera al llamado progenitor "social". Así, en Italia, España y Bélgica. El segundo, el modelo *sustitutivo*, caracterizado por el reconocimiento del tercer progenitor, atribuyendo a las funciones que asume y desarrolla *de facto* un valor jurídico sustancial. Es el caso de Alemania, Suiza, Dinamarca y Países Bajos, en los que se permite, dentro de cierto margen, que el nuevo cónyuge o pareja del progenitor pueda decidir, con exclusión del otro progenitor, cuestiones de la vida cotidiana del niño. Y el tercer modelo, llamado *reformista o inclusivo*, que intenta otorgar responsabilidad parental al tercer progenitor sin que ello suponga excluir o sustituir a alguno de los progenitores biológicos. Es el caso de Francia, Holanda y Reino Unido, que han optado por el reconocimiento de la figura del progenitor social.

José Antonio García González, abogado especializado en familia, analiza las familias reconstituidas en el Código Civil y las legislaciones autonómicas, con abundante cita de sentencias, en particular de las audiencias provinciales. En una primera parte, aborda la presencia del nuevo cónyuge o pareja en la vida del menor, destacando que el Código Civil guarda silencio sobre esta figura y no le atribuye funciones propias de la relación paternofilial, a diferencia de lo que sucede en algunas legislaciones autonómicas. Así, en Aragón, se regula la autoridad familiar del padrastro o madrastra bajo determinadas condiciones (art. 85 CDFA). En Cataluña, se reconoce al cónyuge o conviviente en pareja estable la facultad para tomar decisiones en la vida diaria de los menores, sin que ello implique la intervención en el ejercicio de la patria potestad de los progenitores ni el ejercicio de la guarda (art. 236-14 CCCat).

A continuación, analiza el régimen de relaciones a favor del conviviente de la familia reconstituida tras la extinción de la relación, con cita de la doctrina del Tribunal Supremo, que legitima tal relación siempre que las relaciones revistan carácter de normalidad y "*no respondan a patologías o ejemplos corruptores*", y con cita de legislaciones autonómicas que contemplan tal posibilidad, como la catalana, que contempla la posibilidad de que los menores, en caso de ruptura de la familia reconstituida, tengan el derecho a relacionarse con las *"otras personas próximas"*(art. 236-4.2 CCCat), o la navarra, cuya Ley 69.6 admite la posibilidad de incluir en el pacto de parentalidad el modo en que los menores se relacionarán con allegados cuando ello se considere necesario para respetar su interés, y siempre que conste el consentimiento de las personas con las que se establezcan las relaciones.

En la segunda parte de su estudio el autor se centra, también con amplia cita jurisprudencial, en los efectos de las cuestiones derivadas de la ruptura, tanto en relación con los hijos –analizando la presencia de la nueva pareja y su familia en la vida del menor, y la presencia de nuevos hermanos–, cuanto la existencia de una familia reconstituida en relación con los derechos establecidos antes de la ruptura, con particular análisis de la pensión por alimentos, la atribución del uso de la vivienda familiar, la pensión compensatoria y las pensiones de pareja estable.

Virtudes Campos Reig, fiscal adscrita a la Fiscalía de Familia en Barcelona, a partir de su experiencia forense en los juzgados de familia, y con un enfoque casuístico, nos plantea la cuestión de si nos encontramos ante supuestos de familias reconstituidas o modelos alternativos de familia. Se pregunta la autora –y nos pregunta– si se ha de limitar el concepto de familias reconstituidas solo a las parejas de hombre/mujer que forman un nuevo núcleo familiar, ya sea con hijos propios, de la nueva pareja o comunes.

Dada la particularidad y singularidad de cada caso, y en esta breve presentación, me limitaré a enunciar, en términos genéricos, los supuestos propuestos: i) Fallecimiento de uno de los progenitores biológicos, siendo un tercero el que asume la guarda de los menores en lugar del otro progenitor, comprensivo de supuestos de: a) Abuelos que asumen la guarda en lugar del otro progenitor biológico; b) tía/tíos de los menores, a su vez con o sin hijos, con un núcleo familiar distinto al que se tienen que incorporar los menores, y c) uno de los hermanos, al adquirir la mayoría de edad, solicita la guarda de sus otros hermanos, todavía menores, ante la escasa y conflictiva relación con el progenitor biológico tras el fallecimiento del otro progenitor que ostentaba la guarda. ii) Ejercicio de hecho de la guarda por los abuelos con permisividad de ambos progenitores biológicos o uno de ellos. iii) Pérdida de libertad por entrada en prisión de uno de los progenitores, excepcionalidad de la realidad familiar y dificultad en el régimen de visitas. iv) Filiación de padre registral (no biológico). v) Diversidad legislativa e incompatibilidad derivada de la globalización. vi) Maternidad subrogada.

Destaca la autora la especial labor de velar por los menores en estas formas alternativas de "familia" o tipos de familias reconstituidas que incumbe a todos los profesionales y, por supuesto, al ministerio fiscal como garante no solo de la legalidad, sino de la asunción principal de su protección, dada la peculiar problemática que presentan y que requiere de una dimensión de análisis que trasciende más allá de lo estrictamente jurídico.

Carmen Ortiz Rodríguez, magistrada-juez del Juzgado de Primera Instancia n.º 16 de Barcelona, Pilar Tintoré Garriga, abogada y presidenta de la Sección del Derecho de la Infancia y la Adolescencia del Il·lustre Col·legi de l'Advocacia de Barcelona, y el suscribiente, también magistrado del Juzgado de Primera Instancia n.º 14 de Barcelona y Doctor en Derecho, analizamos las audiencias conjuntas de hijos de familias reconstituidas. Se trata de una figura aún carente de regulación legal, pues la audiencia de los niños, niñas y adolescentes (en adelante, NNyA) siempre se ha contemplado y regulado de modo individual, esto es, con un solo NNyA, pero puede resultar viable en un futuro no lejano, pues el fenómeno creciente de las familias reconstituidas hace previsible que se tengan que oír conjuntamente (esto es, simultáneamente) a los hijos procedentes de distintos padres biológicos o los hijos comunes de las familias reconstituidas.

Se parte de las directrices supranacionales –art. 12 de la Convención de Derechos del Niño, de 20 de noviembre de 1989, las Directrices del Comité de Ministros del Consejo de Europa para una Justicia Adaptada a los Niños, de 17 de noviembre de 2010, la Carta de Derechos Fundamentales de la Unión Europea– y se ofrece una visión general de la participación de los NNyA en la regulación interna de países tales como Finlandia, Alemania, Luxemburgo, Austria, Francia, Rumanía, Letonia, Dinamarca, Malta, Croacia, Italia y Bélgica.

Se analizan las eventuales ventajas e inconvenientes de una audiencia conjunta, sus presupuestos –relativos a la conformidad de los NNyA–, las diferentes modalidades –en función de las franjas de edad de los NNyA–, las buenas prácticas judiciales de las audiencias conjuntas, la documentación de la audiencia conjunta –con particular referencia a la negativa de algún NNyA a la grabación de su imagen– y, finalmente, los criterios específicos de valoración de este tipo de audiencias, destacando, entre otros, el número de participantes, el estado emocional de los NNyA al verse implicados en una diligencia judicial en presencia de otros NNyA con los cuales convive a diario, el dato de si alguno de los NNyA implicados ya había tenido la experiencia previa (en un anterior proceso) de una audiencia, y tenía mejor asimiladas las reglas de la conversación, su grado de madurez, las previas relaciones existentes entre los NNyA, especialmente de rivalidades o conflictos previamente acreditados, y las anteriores relaciones existentes entre los NNyA y las nuevas parejas de sus progenitores, de existir constancia fehaciente de las mismas.

El suscribiente analiza la declaración testifical de las nuevas parejas en los procesos de familia. Se precisa el alcance del término "nueva pareja", que precisa: i) Existencia de una anterior relación, en forma de matrimonio o de pareja estable; ii) disolución del anterior matrimonio o extinción de la convivencia de la primera pareja estable, y iii) constitución de una familia reconstituida, con o sin vínculo matrimonial, pero con vocación de estabilidad y permanencia en el tiempo.

Se desarrolla el régimen jurídico de proposición, admisión, práctica y valoración de la testifical de la nueva pareja. En la proposición, se recomienda "apostillar" la proposición, esto es, los motivos concretos para su admisión en el caso concreto. En la admisión, se refiere a la pertinencia y utilidad. En la práctica, pueden resultar útiles las preguntas generales de la ley *ad hoc*, referidas al tiempo de duración de la relación, su formalización en matrimonio o pareja estable, el número de personas que conviven en la familia reconstituida y quiénes son, si conviven con el/la testigo hijos/as procedentes de alguno de los progenitores y qué edades tienen y la localidad en que residen. En la valoración, como es natural, deberá atenderse a la razón de ciencia de la nueva pareja, las circunstancias concurrentes, resultando obvio que concurre un motivo de tacha.

Se cierra con un estudio de casuística jurisprudencial de la declaración de la nueva pareja a los efectos de acreditar la capacidad económica del cónyuge o conviviente en pareja estable, a los efectos de acreditar la convivencia en pareja estable como motivo de extinción de la pensión compensatoria, con objeto de acreditar las relaciones entre los progenitores que justifiquen un cambio de guarda.

El Comitè d'Ètica de l'Equip d'Assessorament Tècnic en l'Àmbit de Família (EATAF) –integrado por el trabajador social Òscar Herrera y los psicólogos Raquel Ruiz, Gabriel Martí, Natàlia Balcells y Montserrat Berenguer– aborda los dilemas éticos de las familias reconstituidas. Se parte de la diversificación de la institución familiar, no limitado al tradicional modelo biparental y heteroparental, y la aparición de nuevas funciones parentales, distinguiéndose entre parentesco (estatus jurídico derivado de los lazos biológicos de consanguinidad real o ficticia) y parentalidad (el ejercicio de las tareas relacionadas con la crianza, los cuidados y la educación de los menores). Se plantea la oportunidad de una nueva terminología que sustituya los términos madrastra, padrastro o hermanastra, impregnados de cierto matiz peyorativo, por otros más inclusivos como podría ser hermanos afines o comadre y copadre.

Se efectúa una identificación y jerarquización de los principios éticos en conflicto en las familias reconstituidas del modo siguiente: i) Autonomía, como derecho del NNyA a ser escuchado sobre las figuras con quienes quiere mantener relaciones; ii) no maleficencia, cómo preservar al NNyA del conflicto y evitar ponerlo en riesgo psicosocial; iii) beneficencia, cómo mantener la relación con la que deja de ser pareja del progenitor/a (y familia extensa de este), siempre que no se exponga a riesgo al NNyA; iv) responsabilidad, de los progenitores para priorizar las necesidades emocionales de los NNyA, del sistema jurídico y la Administración Pública para garantizar los derechos y velar por las necesidades integrales de los NNyA; v) integridad, de velar por las necesidades globales de los NNyA (sociales, educativas, emocionales, etc.); vi) imparcialidad, para evitar dejarse llevar por valores y experiencias personales asociados a familias reconstituidas y, finalmente, vii) objetividad, para procurar no dejarse influir por los diferentes discursos de los progenitores y/u otros profesionales que tengan una visión parcializada de la dinámica familiar.

No quisiera cerrar esta presentación sin un agradecimiento a todos los autores por su participación activa y comprometida tanto en la preparación de sus respectivas ponencias, cuanto en las sesiones de debate subsiguientes, en una muestra, en mi modesto entender, de lo que debe ser el entendimiento de la problemática que afecta a las familias en el Derecho, que no debe limitarse a un diálogo, por necesario que sea, entre abogados y jueces, sino que debe extenderse también a otros profesionales que trabajan en el ámbito de la ruptura de las relaciones de pareja, como pueden ser, entre otros, fiscales, letrados de la Administración de Justicia, profesores, académicos, psicólogos, trabajadores sociales y mediadores.

Esta interdisciplinariedad, tan invocada cuanto a menudo huérfana de concreciones prácticas, resulta tanto más necesaria cuanto más rápidamente evolucionan los modelos familiares, y requiere, junto a la imprescindible competencia profesional, la escucha recíproca, la complementariedad de distintas ciencias y disciplinas, y la valoración del enriquecimiento que nos aporta la competencia profesional distinta.

Igualmente, es justo efectuar un agradecimiento a la Societat Catalana d'Advocats de Família por el apoyo técnico en las sesiones de debate de cada uno de los temas abordados.

Xavier Abel Lluch

Septiembre 2021

La justicia terapéutica y el Derecho de familia en España

Francisca Fariña Rivera

Catedrática de Psicología Básica y Psicología Jurídica del Menor de la Universidad de Vigo. Presidenta de la Asociación Iberoamericana de Justicia Terapéutica

Mila Arch Marín

Psicóloga forense. Doctora en Psicología. Profesora Titular de la Universidad de Barcelona

I. Introducción

La justicia terapéutica[1], siguiendo a Wexler[2] (2021), tiene su origen en el estudio de la ley de salud mental. Este autor inició en 1970 una investigación holística del sistema legal de salud mental en Arizona. Este incluía, como suele ser habitual en los trabajos de los investigadores del ámbito legal, el análisis de las leyes y la jurisprudencia, pero también cómo se aplicaba la ley, algo sin duda más novedoso. Para ello, David Wexler y su equipo asistieron a las entrevistas que tenían lugar en el hospital estatal de Arizona y a las audiencias de los tribunales que se efectuaban para llegar a acuerdos. El resultado de la investigación puso en evidencia fortalezas y debilidades de algunas leyes de salud mental y de cómo estas se aplicaban. Un hecho que les llamó la atención, como el mismo autor destaca (Wexler, 2021), era que con algunos pacientes indigentes se llevaban a cabo internamientos involuntarios en un centro estatal de salud mental, cuando en realidad eran personas con capacidad suficiente para otorgar consentimiento y poder ser admitidas de forma voluntaria. Esta actuación judicial estaba basada en una buena intención, que no era otra que el estado se hiciese cargo del coste del traslado del paciente al centro de internamiento,

[1] En el primer Congreso Iberoameriano de Justicia Terapéutica, celebrado en la ciudad de Pontevedra en el año 2012, se consideró imprescindible unificar la denominación en español de *therapeutic jurisprudence*, puesto que estaba siendo traducida de diferentes maneras, entre ellas derecho terapéutico, jurisprudencia terapéutica y justicia terapéutica. Fue en ese evento donde se estableció que la traducción oficial al español de *therapeutic jurisprudence* (TJ) sería de justicia terapéutica, a la vez se acordó mantener el acrónimo original (TJ).

[2] David B. Wexler es catedrático de Derecho en la Universidad de San Juan, de Puerto Rico, y es catedrático emérito de Derecho en la Facultad de Derecho James E. Rogers College of Law, Tucson, Arizona. Es codirector de la *Revista Iberoamericana de Justicia Terapéutica*. Entre otros reconocimientos ha sido nombrado presidente de honor de la International Society for Therapeutic Jurisprudence y de la Asociación Iberoamericana de Justicia Terapéutica.

puesto que en caso de ser el ingreso voluntario lo ha de asumir la propia persona; sin embargo, provocaba mayor estigma y más problemas de seguridad, e incluso atentaba contra la dignidad de la persona. Para Wexler (2020), en ese caso, la ley de salud mental promovía una actuación judicial antiterapéutica de carácter paternalista (Wexler, 2021).

El marco conceptual de la *therapeutic jurisprudence* (TJ) se establece una década más tarde, en 1987, con una publicación de David Wexler para un taller del National Institute of Mental Health. Cabe subrayar que en el primer borrador de su trabajo empleó el término *juridical psychotherapy* (psicoterapia jurídica), pero los revisores de este criticaron la denominación, lo que motivó que lo sustituyese por *therapeutic jurisprudence* (Wexler, 2001). Posteriormente, en 1990, Wexler publica el primer libro sobre TJ, *Therapeutic Jurisprudence: The Law as a Therapeutic Agent*, en el que ya se estable que el enfoque es *"la ley como terapia"*. Sin embargo, el concepto no se considera oficialmente instituido hasta 1996, con la publicación de David Wexler y Bruce Winick[3], *The development of Therapeutic Jurisprudence*. Esta publicación, sumada a sus muchas y relevantes aportaciones, ha servido para que internacionalmente se les conozca como los padres de la TJ.

De forma general, la TJ asume que la ley puede actuar como un importante y poderoso agente terapéutico o antiterapéutico. Para ello es necesario entender que la ley no son solo una serie de reglas escritas, sino que también abarca los procedimientos para administrarlas y la forma en que se aplica por parte de los diferentes operadores jurídicos (abogados, jueces, fiscales, letrados de la Administración de Justicia) y de los restantes profesionales que trabajan en el contexto legal. En este sentido, la TJ estudia la ley en acción, integrando en el ámbito jurídico el contexto social y cultural desde una posición flexible, enriqueciendo el Derecho con las aportaciones de otras ciencias. Entiende el sistema legal como una entidad al servicio del ser humano (Wexler, 1999), para proporcionar a la persona usuaria de la justicia el mejor bienestar psicológico con la puesta en práctica de la ley (Fariña, Seijo, Arce y Vázquez, 2017, Fariña y Oyhamburu, 2021). De esta manera, la TJ pretende eliminar de la ley y de su aplicación todo lo que resulte antiterapéutico e introducir la mayor cantidad posible de elementos terapéuticos, siempre respetando el debido proceso u otros valores constitucionales relacionados (Wexler, 2020, 2021). Así, el bienestar emocional, la dignidad, la compasión y la salud psicológica se convierten en los principales objetivos de la TJ (Yamada, 2021), donde la humanización de la ley se toma como la antorcha que se ha de seguir. Para alcanzarlos se requiere una visión diferente y más amplia que aquella que mantienen los que se encuentran cautivos de un Derecho tradicional (Fariña, *et al.*, 2017; Fariña y Oyhamburu, 2021). Indefectiblemente ha de integrar los saberes y prácticas de otras ciencias, primordialmente los que ofrecen las ciencias del comportamiento, pero también de muchas otras áreas tan dispares como la arquitectura o la lingüística. Así, la TJ no se puede entender sin una óptica multidisciplinar (Wexler y Winick, 2009), necesaria para humanizar el Derecho y ofrecer una buena justicia (Herzog-Evans, 2016), mediante el mejor funcionamiento del sistema legal (Blagg, 2008), que produce cambios

[3] Bruce J. Winick fue profesor de Derecho y profesor de psiquiatría y ciencias del comportamiento en la Facultad de Medicina Miller de la Universidad de Miami. Fue director del Centro de Justicia Terapéutica de la Facultad de Derecho de la Universidad de Miami. Desempeñó, entre muchos otros cargos, el de presidente de la American Association of Law Schools' section on Balance in Legal Education. También fue, entre otros reconocimientos, miembro honorario distinguido de la American Psychology-Law Society.

positivos, tangibles en las personas (Kaiser y Holtfreter, 2016). La multidisciplinariedad abarca la formación de los profesionales y el trabajo interdisciplinar de estos.

Los principios de TJ son susceptibles de ser asumidos y aplicados por todas las personas que trabajan directa o indirectamente en el ámbito legal; sin embargo, los que mayor capacidad poseen para implementar la TJ son los decisores judiciales. Estos, cuando intervienen bajo el paradigma de TJ, desempeñan un papel más activo que el de un juez tradicional. Consideran, sin desatender los aspectos legales, las necesidades y circunstancias de las personas implicadas en la disputa judicial (Rottman y Casey, 1999). Además, los jueces a través de sus conductas pueden influir en los usuarios de la justicia, logrando en ellos cambios positivos (Goldberg, 2005; Morales y Aguilar, 2014), entre los que destacamos el lenguaje que emplean, tanto el oral como el no verbal y el escrito. Como afirma Wexler (2017), el juez, para resolver el problema que ha de juzgar a la vez que la causa que lo motivó y maximizar los beneficios terapéuticos y de rehabilitación en las personas implicadas en el procedimiento, puede hacer uso activo de la autoridad judicial. Sin embargo, el paradigma contencioso parte de que quienes acuden a la justicia son adversarios y mantendrán el enfrentamiento al menos mientras no finalice el proceso judicial. De este modo, la expectativa es que sean contendientes y, por tanto, la actuación judicial ha de establecer quién gana y quién pierde o, en su defecto, coaccionar a los litigantes para que lleguen a un acuerdo, pero no para que se puedan modificar los elementos de la relación entre las partes[4] que dieron lugar al problema/conflicto (Stobb, 2020).

Aunque la TJ, como ya se ha señalado, nació en el campo de la salud mental y en el contexto norteamericano, en la actualidad se aplica a todos los ámbitos de la ley, entre ellos el de familia, y a nivel mundial (Fariña, *et al.*, 2016; Wexler, 2021). Es más, el International Consortium for Court Excellence[5], en mayo de 2020, en la tercera edición del International Framework for Court Excellence (IFCE)[6], introdujo la TJ, tal y como habían sugerido

[4] En el ámbito del Derecho, como señalan Fariña y Oyhamburu (2021), el término "parte" o "partes" resulta de uso técnico; sin embargo, consideramos que humanizar la ley y su aplicación, así como otorgar la mayor dignidad a las personas que han de acudir a la justicia, tal y como persigue la TJ, requiere, entre otras cuestiones, cuidar el lenguaje. Cuando se alude a "parte" o "partes", en la mayoría de las ocasiones nos estamos refiriendo a una o varias personas, por lo que, a nuestro criterio, humanizar la ley también exige denominarlas de esta última forma. Entendemos que referirse a las personas como parte/es conlleva, en cierto modo, una cosificación y, en mayor medida, cuando se aplica a individuo/os en concreto. Así, cuando se trata de persona/as específicas, sin duda referirse a ella/s como parte/es no coadyuva a promover su máxima dignidad y consideración; pero, todavía más, esto obstaculiza que quien emite el mensaje y quien lo recibe vean al ser humano con sus características y necesidades singulares. En ocasiones, incluso, esta situación puede ser un impedimento para instaurar la emoción y la cognición adecuadas que requiere la superación del conflicto. Por todo ello creemos oportuno, siempre que sea posible, obviar el término parte/partes y referirnos a persona/as, sea con referencia al imputado/a o a la/s víctima/s, damnificado, denunciante-denunciado, demandante-demandado, entre otras/os y según la materia de que se trate (Fariña y Oyhamburu, 2021).

[5] El International Consortium for Court Excellence desarrolló en el año 2007, formado por el Australasian Institute of Judicial Administration, el Federal Judicial Center, el National Center for State Courts y el State Courts of Singapore. Asume que los tribunales excelentes se rigen por 10 valores principales: igualdad ante la ley, justicia, imparcialidad, independencia en la toma de decisiones, competencia, integridad, transparencia, accesibilidad, puntualidad y certeza.

[6] El IFCE es un recurso para evaluar el rendimiento de un tribunal en relación con siete áreas de excelencia, a saber: 1) Gestión y liderazgo de los tribunales, 2) políticas de los tribunales, 3) procesos de los tribunales, 4) confianza y fe del público, 5) satisfacción del usuario, 6) recursos de los tribunales y 7) servicios de los tribunales asequibles y accesibles. Para su desarrollo, el Consorcio contó con la colaboración de la Comisión Europea para la Eficacia de la Justicia, el Consejo de Normas, Productividad e

RICHARDSON, SPENCER y WEXLER (2016), específicamente en el área 4, que comprende tres subsecciones: a) La infraestructura física de los tribunales y los archivos judiciales; b) los procedimientos y procesos judiciales, y estas dos subsecciones se sustentan en c) la innovación judicial que enfatiza la necesidad de mejorar continuamente prácticas judiciales existentes. En cuanto a la TJ, afirma "*es un área de estudio que se centra en el impacto que tiene la ley en el bienestar emocional y psicológico. Un enfoque de TJ considera formas que mejoran el bienestar de los litigantes al mejorar la equidad procesal de la experiencia judicial, como facilitar, cuando corresponda, el acceso al tratamiento y a los servicios*" (pág. 7).

La TJ se propone como un nuevo paradigma y, como STOBB (2020) indica, quienes lo defienden suelen argumentar que está demostrada su capacidad para resolver problemas que el paradigma tradicional contencioso es incapaz. Una prueba de ello son los tribunales especializados de resolución de problemas. Ahora bien, los "*abogados y jueces que han trabajado a lo largo de sus extensas carreras dentro del paradigma contencioso pueden resistirse a la afirmación de que se requiere un paradigma terapéutico, no basándose en la creencia de que los tribunales especializados no funcionan, sino en la creencia de que estos tribunales son simples variaciones que se encuentran dentro del sistema contencioso, lo que implica que todos los problemas pueden ser tratados por tribunales de este tipo*" (STOBB, 2020, pág. 66). Podemos coincidir en que todos los conflictos pueden ser tratados a través de un tribunal tradicional contencioso, y, de hecho, se ha venido haciendo así durante mucho tiempo; pero en lo que no podemos estar de acuerdo es en que los resultados sean los mismos ni para quienes acuden a la justicia ni para el sistema legal ni tampoco para la sociedad. Sin duda, los tribunales contenciosos tienen, en mayor medida, asociadas potenciales consecuencias negativas.

II. La justicia terapéutica en procesos de familia

En el ámbito de familia, la TJ fue introducida por BARBARA BABB (WEXLER, 2021; YAMADA, 2021). En 1997, esta profesora de Derecho publicó un artículo en el que argumentaba que los cambios que se estaban produciendo en la sociedad y en las relaciones familiares exigían en el Derecho de familia un abordaje interdisciplinar que tuviese en cuenta la perspectiva de la ecología del desarrollo humano y las nociones de TJ.

Específicamente, en los procesos de ruptura de pareja con hijos, la aplicación de TJ se muestra imprescindible, por ser este un evento de una alta carga emocional, considerado de los más estresantes para progenitores e hijos/as (KREYENFELD y TRAPPE, 2020), y en algunos casos también para familiares próximos. Puede afectar a todos los ámbitos de sus vidas, incluyendo el de salud. Tal es su impacto que a nivel sanitario se trata como una experiencia adversa de la infancia (CROUCH, *et al.*, 2020; FARIÑA, *et al.*, 2020). Indefectiblemente, cuando los progenitores se separan toda la familia tiene que adaptarse a su nueva realidad, y a los cambios sustanciales que conlleva este proceso. En función de la forma en que se afronte y gestione, se puede vivir de forma adaptativa o no; y este hecho determinará sus consecuencias (BIEZMA y FARIÑA, 2020).

Innovación de Singapur y el Banco Mundial. Se puede consultar un resumen en español en http://www.courtexcellence.com/__data/assets/pdf_file/0017/6254/ifce-brochure_es-v2-2-3-2015.pdf.

Resulta indudable que los procesos contenciosos y el mantenimiento de la conflictividad resulta perjudicial para todos los miembros de la familia, en especial para los hijos, siendo la literatura científica clara y contundente respecto a esta cuestión (véase Fariña, *et al.*, 2016). Así, el daño que sufren los hijos e hijas, incluso hasta la etapa adulta, proviene del conflicto familiar (Thulin, Heinze y Zimmerman, 2021). De esta manera, la regulación de las relaciones familiares y los procesos judiciales contenciosos de ruptura de pareja, principalmente cuando esta tiene descendientes menores de edad y se discute sobre su custodia, resulta oportuno abordarla desde la perspectiva de la TJ (Bonilla y Fernández-Ayala, 2020). En esta línea, Ortuño (2014) afirmaba *"tal vez sea este el ámbito que más justifica la necesidad de una intervención judicial terapéutica"* (pág. 51). Precisamente el área de familia se convierte en una parte cada vez más importante del ADN de la TJ en la que es necesario desarrollar una mayor conexión entre cómo se diseña la ley (*therapeutic design of the law*, TDL) y cómo se aplica (*therapeutic application of the law*, TAL) (Wexler, 2020). De tal manera que en cualquier cuestión que tenga relación con el Derecho de familia la TJ sea el faro, y de esta forma incidir en el bienestar de las personas (Babb, 2014). Ahora bien, sabido es que lograr modificar las leyes y los procedimientos suele ser un proceso complejo y largo, aunque los cambios resulten necesarios para las personas a las que pueda afectarles; además, es un objetivo que no siempre se consigue. Por el contrario, la manera en cómo se ejercen los roles profesionales puede transformarse de forma más inmediata; así, en el escenario más adverso (leyes y procedimientos antiterapéuticos) los profesionales que intervienen pueden mejorar el impacto terapéutico (Fariña, Seijo y Vázquez, 2020; Stannard, 2020). Pero esto requiere de actitud positiva hacia la TJ por parte de los operadores jurídicos, acompañada de formación.

Celebramos que el Consejo General del Poder Judicial de España, en la *Guía de criterios de actuación judicial en materia de custodia compartida*, publicación coordinada por Martínez de Careaga, Sáez, Martínez y Cuesta (2020), se indicara la relevancia de proporcionar *"a todos los operadores jurídicos formación específica en materia de justicia terapéutica y mecanismos de solución pacífica de conflictos interpersonales. Los conocimientos y habilidades adquiridos en estos campos pueden ayudar notablemente a reducir los efectos negativos de los procesos contenciosos de custodia sobre todos los miembros de la familia, de manera particular en las personas menores de edad, y favorecer su bienestar emocional durante la tramitación"* (pág. 260). De hecho, en varias ocasiones este organismo ha promovido formación en TJ a través de sus cursos de formación continua, de la misma manera que se viene haciendo en otros poderes judiciales de Latinoamérica.

La especialización ha de ser, como ya se ha argumentado previamente, de todos los operadores jurídicos, y entendemos que esta requiere de una orientación y de un contenido distintos a los que se imparte todavía en la mayoría de las facultades de nuestro país, y no solo en las de Derecho, sino también en otras como Trabajo social o Psicología. No obstante, a pesar de que todos los operadores jurídicos desempeñan un papel relevante en la aplicación de la TJ, son los abogados y los jueces y magistrados los que disponen de mayor oportunidad para ello, y sin embargo su formación académica no les capacita en absoluto en estos contenidos. Los planes de estudio deberían incluir la adquisición de competencias tradicionalmente vinculadas a otras áreas de conocimiento, especialmente de las ciencias del comportamiento. Entre las que se pueden mencionar la gestión de emociones, la escucha activa, el saber ser empático siendo imparcial, el reconocer la violencia y el trauma en las personas y conocer cómo les afecta, saber preguntar a personas en situación de vulnerabilidad y dirigirse a ellas para lograr colaboración e implicación para el cambio, etc. (Fariña, Seijo y Vázquez, 2020; Katz y Haldar, 2016).

En fuerte conexión con la formación multidisciplinar se encuentran los tribunales de resolución de problemas existentes en Estados Unidos y en otros países de influencia anglosajona, a los que la TJ contribuyó en gran medida a su creación. En ellos, los asuntos se tratan no únicamente como un problema legal, sino también como un problema humano y una implicación judicial activa que contempla hacer valer la autoridad judicial para motivar a los usuarios de la justicia a aceptar los servicios que mejor se ajustan a sus necesidades y hacer un seguimiento de ello (Winick y Wexler, 2003). Aunque inicialmente estos se limitaron a los tribunales de drogas, posteriormente ha dado lugar a los tribunales de salud mental, de violencia doméstica, de veteranos, etc. (Perlin, 2020). En España existen juzgados especializados como los de violencia de género o de menores, también de familia, pero no siempre con la orientación de TJ y de los tribunales de resolución de problemas. Además, aun existiendo juzgados de familia, en función de la ciudad o la comunidad autónoma en la que se ubiquen, pueden contar o carecer de funcionarios plenamente especializados que únicamente atiendan casos de familia. Al mismo tiempo, no todas las familias tienen acceso a los juzgados de familia, pudiendo tratar sus asuntos y conflictos familiares los juzgados de primera instancia. Esta realidad ha llevado a que asociaciones como la Asociación Española de Abogados de Familia, Plataforma Familia y Derecho y la Sociedad Española de Psicología Jurídica y Forense, entre otras, vengan reivindicando una jurisdicción de familia, que bien podría ser jurisdicción de infancia, familia y capacidad. Igualmente, en la ya citada *Guía de criterios de actuación judicial en materia de custodia compartida*, en el apartado de recomendaciones y propuestas de mejora se afirma, y en primer lugar, que se requiere llevar a cabo con urgencia *"la reforma orgánica que establezca la especialización en materia de familia de los órganos judiciales, tanto de primera como de segunda instancia, con una adecuada delimitación de las materias de su competencia. Solo de esta manera será posible mejorar la gestión procesal de los conflictos familiares y las resoluciones que se dictan. Los principios que informan el derecho de familia no pueden ser cumplidos en las condiciones de trabajo actuales"* (pág. 241). También destacamos que se especifica la necesidad de que la especialización en materia de familia incluya la *"formación obligatoria de todos los miembros de la Carrera Judicial que hayan de resolver procesos de familia sobre aquellos conceptos o nociones de naturaleza metajurídica (psicología, sociología, pedagogía, justicia terapéutica, etc.) que vayan a ser necesarios para la adecuada práctica, comprensión y valoración de las pruebas esenciales del proceso de familia (interrogatorio de partes, audiencia del menor e informes periciales psicológicos y/o sociales)"* (pág. 242).

Los abogados gozan de una posición privilegiada para aplicar la TJ. Suelen atender a clientes que están viviendo eventos que les producen inquietud emocional, cuando no traumática, que les genera diferentes reacciones psicológicas, entre ellas estrés. En los procesos de ruptura de pareja con hijos, como ya se ha señalado, de manera especial, lo que les traslada a una situación de vulnerabilidad. De tal manera que las personas comparten con sus abogados su historia de vida, en la que detallan cuestiones muy íntimas y dolorosas (Fariña, Seijo y Vázquez, 2020; Katz y Haldar, 2016), no solo con la intención de informar, sino también de desahogarse y buscar refuerzo emocional y orientación más allá de los aspectos legales. Este contexto es muy propicio para que el abogado de familia desarrolle un enfoque terapéutico y conciliador. Para ello se han de poner en práctica competencias como las señaladas previamente, y asumir que su labor ya no se ciñe exclusivamente a representar a sus clientes en los tribunales, puesto que implica ayudar a sus clientes a resolver los problemas ofreciéndoles adecuado asesoramiento que les permita tomar decisiones convenientes y alcanzar acuerdos que sean buenos para todas las personas de la familia; en caso de ruptura de pareja con hijos menores de edad, especialmente para estos; pero que a la par esos acuerdos resulten razonables, justos, viables y duraderos (Fariña, Seijo y Vázquez, 2020; Ong, 2020). Cuando, por la imprevisibilidad del futuro, los acuerdos no pueden ser a largo plazo, el abogado debe coadyuvar a establecer los mecanismos amigables que sus clientes han de utilizar en el futuro para gestionar las necesidades que les vayan surgiendo. Ahora bien, su actitud con el cliente no debe ser paternalista, ni en ningún momento debe menguar su autodeterminación (Fariña, Seijo y Vázquez, 2020). El letrado ha de ejercer su profesión pensando en los intereses de sus defendidos, que no han de ser exclusivamente quienes remuneran sus servicios, sino todos los miembros de la familia, incluso aquellos que han contratado a otro letrado. Como indica Babb (1997, 2014) con respecto a los tribunales de familia y a lo que, por supuesto, el abogado debe contribuir, su cometido es facilitar relaciones familiares positivas y fortalecer un funcionamiento normalizado de la familia, buscando el bienestar de todos sus miembros. Además, es fundamental que se promueva la permanencia de la familia y su armonía, se minimice su confusión emocional y se proteja de los efectos negativos asociados a la ruptura, a corto y largo plazo (Town, 1994). Para ello, a través de un ejercicio profesional responsable y comprometido con el bienestar de las personas se han de alejar, siempre que sea posible, de los procedimientos contenciosos, pues estos no solo son potencialmente iatrogénicos, sino que, además, como bastantes abogados aceptan, no se relacionan directamente con la satisfacción de los clientes, puesto que el proceso judicial, aun cuando la sentencia sea favorable, no les ofrecerá lo que desean o persiguen (Erickson, 1991; Stolle, *et al.*,1997; Tesler, 1999).

Por su parte, los jueces, como ya se ha señalado, son los que presentan una capacidad mayor para implementar la TJ. Cuando intervienen en los procedimientos de familia, aún en el caso de ser contenciosos, también pueden, con su actuación, mejorar las relaciones familiares y coparentales y contribuir al bienestar de todas las personas implicadas. Para lograrlo han de tener en cuenta las circunstancias particulares de cada familia en lo referente a los aspectos psicoemocionales y sociales, no solo para la decisión judicial, sino también para la interacción con sus miembros. Es bien sabido que para comunicar óptimamente es importante adecuar el mensaje y la forma de transmitirlo al receptor. En el caso del juez, la comunicación con la familia se produce en toda interacción que tiene con cada uno de sus miembros; es decir, en el juicio y en las posibles reuniones fuera de este, así como en la audiencia de los hijos. Igualmente, es relevante el tipo de mensaje que transmite a los otros profesionales intervinientes en el procedimiento. Pero, a la vez, el juez comunica a través de la sentencia, y en ella también se debería ver reflejada la lente de la TJ. Obviamente, como en todo proceso judicial tradicional y acorde a los principios de la TJ, esta debe ser justa y respetar la ley, pero a la vez ha de ser comprensible, generar motivación para que se cumpla y ha de tener consecuencias terapéuticas (facilitar o reforzar la pacificación y el bienestar de las personas, especialmente de los hijos). El juez se puede valer de herramientas amigables de la TJ que le ayuden a definir de manera sistémica los problemas y los conflictos legales, permitiendo la adopción de medidas acordes a las capacidades y necesidades de las personas (Fariña y Oyhamburu, 2020). Así, los procesos contenciosos de ruptura de pareja con hijos, para defender el mejor interés de estos pueden excluir o incluir intervenciones de carácter psicosocioeducativo (mediación familiar, terapia forense, coordinación de parentalidad, programa psicoeducativo para la separación/divorcio), y cuando no la contemplan generalmente no resultan plenamente terapéuticos. El hecho de que los progenitores, a veces también familia extensa, y sus representantes legales acepten y se impliquen en este tipo de intervenciones exige un esfuerzo del juez para motivarlos, y en ocasiones un cierto grado de coacción. En ningún caso dicha coacción debería generar reactancia; por ello, la decisión judicial ha de estar suficientemente motivada, expuesta de manera que no pueda interpretarse como una decisión caprichosa o arbitraria y, además, se deberían buscar los mecanismos para transmitirla de forma directa a las personas implicadas.

No es objetivo de este trabajo abordar cómo ha de ser la actuación de cada uno de los profesionales que intervienen en las rupturas de parejas con hijos, pero consideramos relevante hacer también mención al papel del psicólogo como perito. La evaluación forense desde el paradigma de la TJ exige efectos más terapéuticos que una intervención forense tradicional. Así, no solo debe dar respuesta a lo solicitado por los distintos operadores jurídicos (fiscales, jueces/tribunales o abogados) o, de ser el caso, por los progenitores, sino que, además, y tan importante como esto, ha de ser de carácter preventivo y sanador para mejorar el bienestar de la familia (Gennari, Tamanza y Molgora, 2018). La prevención debe contemplar el control de la escalada del conflicto, pero a su vez sus efectos deletéreos, en progenitores e hijos/as, entre los que Zelechoski, Lindsay y Heusel (2020) destacan, desde una orientación de trauma informado, la conducta delictiva. De este modo, la actuación del perito psicólogo ha de coadyuvar a construir la paz familiar (Lund, 2015) y a respetar el mejor interés de los hijos. Este, en todo caso, se encuentra supeditado a la ausencia de conflicto parental y a la existencia de parentalidad positiva. Para Arce, *et al.* (2020), Fariña, *et al.* (2002) y Fariña, Arce y Seijo (2020), este tipo de intervención exige a los psicólogos una sólida experiencia y formación en la materia, así como actualización constante de sus conocimientos, entre ellos en TJ.

III. Conclusiones

En España urge la aprobación de una jurisdicción especializada en familia. Esta, a nuestro entender con orientación de TJ, debe conllevar la creación de tribunales de familia de resolución de problemas. Así, los progenitores, cuando se separen, aun cuando tomen la vía contenciosa, contarán con unos operadores jurídicos enfocados no solo en la resolución del caso, sino también con una mirada en el futuro, en alcanzar resultados tangibles que eviten la reaparición del conflicto (Berman y Feinblatt, 2003). De esta manera se protege a todos los miembros de la familia de los efectos deletéreos con los que se relaciona la ruptura de pareja y facilita el bienestar psicoemocional, así como la obligada parentalidad positiva. Esta, con independencia de que los progenitores convivan o se encuentren separados, no se puede considerar como una buena opción, sino como una condición *sine qua non* del adecuado ejercicio parental. No en vano es un garante para que los progenitores satisfagan las necesidades de los hijos de la mejor manera que sus circunstancias les permiten, y para que sus descendientes puedan crecer sanos y desarrollar al máximo todas sus potencialidades.

Por otra parte, entendemos que todos los operadores jurídicos deberían estar capacitados en TJ, y de manera indefectible aquellos que trabajan en el ámbito de familia y ruptura de pareja.

IV. Bibliografía

ARCE, R.; ARCH, M.; SEIJO, D.; RAMÍREZ, M.; MUÑOZ, J. M., y FARIÑA, F. (2020) "La evaluación pericial psicológica en procesos de ruptura de pareja con hijos", en *La gestión positiva de la ruptura de pareja con hijos* (F. Fariña y P. Ortuño, coords.), Valencia, Tirant lo Blanch, págs. 145 a 164.

BABB, B. "An Interdisciplinary Approach to Family Law Jurisprudence: Application of an Ecological and Therapeutic Perspective Resolving Family Conflicts", The Indiana Law Journal n.º 72 (3), 1997, págs. 775 a 808. Disponible en: https://www.repository.law.indiana.edu/ilj/vol72/iss3/5.

BABB, B. A. "Commentaries on the IAALS' honoring families initiative white paper", Family Court Review n.º 52, 2014, págs. 639 a 641. Disponible en: https://doi.org/10.1111/fcre.12114.

BERMAN, G., y FEINBLATT, J. (2003) "Problem-solving Courts: A Brief Primers", en *Judging in a Therapeutic Key* (B. J. Winick y D. B. Wexler, eds.), Durham, Carolina Academic Press, págs. 73 a 86.

BIEZMA, J., y FARIÑA, F. (2020) "Impacto psicológico de la ruptura de la pareja sobre los miembros de la familia", en *Guía de criterios de actuación judicial en materia de custodia compartida* (C. M. Martínez de Careaga, M. C. Sáez, G. Martínez y A. Cuesta, eds.), Madrid, Consejo General del Poder Judicial, págs. 17 a 40.

BLAGG, H. (2008) *Problem-Oriented Courts. Perth. A Research Paper prepared for the Law Reform Commission of Western Australia*, Western Australia: Government of Western Australia.

BONILLA, I., y FERNÁNDEZ-ALAYA, R. (2020) "La perspectiva de la Justicia terapéutica en los procesos judiciales de ruptura de pareja con descendientes menores de edad", en *La gestión positiva de la ruptura de pareja con hijos* (F. Fariña y P. Ortuño, coords.), Valencia, Tirant lo Blanch, págs. 73 a 86.

CROUCH, E.; RADCLIFF, E.; PROBST, J. C.; BENNETT, K. J., y MCKINNEY, S. H. "Rural-urban differences in adverse childhood experiences across a national sample of children", The Journal of Rural Health n.º 36 (1), 2020, págs. 55 a 64. Disponible en: https://doi.org/10.1111/jrh.12366.

Erickson, E. "ADR and Family Law", Hamline Journal of Public Law & Policy n.º 12 (1), 1991, págs. 5 a 12. Disponible en: https://heinonline.org/HOL/Page?public=true&handle=hein.journals/hplp12&div=7&start_page=5&collection=journals&set_as_cursor=1&men_tab=srchresults.

Fariña, F., y Oyhamburu, M. S. (2020) "Avances en estudio del perdón", en *Justicia Terapéutica en Iberoamérica* (F. Fariña, M. S. Oyhamburu y D. Wexler, eds.), Madrid, Wolters Kluwer, págs. 147 a 165.

– "Del sujeto a la persona: El estudio del perdón en perspectiva de TJ", Revista Iberoamericana de Justicia Terapéutica n.º 2, 2021, pág. 478. Disponible en: https://ar.ijeditores.com/pop.php?option=articulo&Hash=980f6d6620afb1e1a6b8b4311bd40495.

Fariña, F.; Arce, M., y Seijo, D. (2020) "Aplicación de la Justicia Terapéutica a la evaluación pericial psicológica en procesos de familia", en *Justicia Terapéutica en Iberoamérica* (F. Fariña, M. S. Oyhamburu y D. Wexler, eds.), Madrid, Wolters Kluwer, págs. 255 a 374.

Fariña, F.; Martinón, J. M.; Arce, R.; Novo, M., y Seijo, D. (2016) *Impacto de la ruptura de pareja en los hijos*, Madrid, Síntesis.

Fariña, F.; Seijo, D., y Vázquez, M. J. (2020) "Justicia Terapéutica e intervención con familias en conflicto: la coordinación de parentalidad", en *Justicia Terapéutica: un nuevo paradigma legal* (D. Wexler, M. S. Oyhamburu y F. Fariña, eds.), Madrid, Wolters Kluwer, págs. 301 a 328.

Fariña, F.; Seijo, D.; Arce, M., y Novo, M. (2002) *Psicología jurídica de la familia. Intervención en casos de separación y divorcio*, Barcelona, Cedecs.

Fariña, F.; Seijo, D.; Arce, R., y Vázquez, M. J. "Custodia compartida, corresponsabilidad parental y justicia terapéutica como nuevo paradigma", Anuario de Psicología Jurídica n.º 27 (1), 2017, págs. 107 a 113. Disponible en: https://doi.org/10.1016/j.apj.2016.11.001.

Fariña, F.; Seijo, D.; Fernández-Hermelo, M., y Vázquez, M.ª J. "Gestión del régimen de visitas, intercambios y comunicación con los hijos e hijas durante la pandemia de la COVID-19", Publicaciones n.º 50 (1), 2020, págs. 23 a 41. Disponible en: https://doi.org/10.30827/publicaciones.v50i1.15942

Gennari, M.; Tamanza, G., y Molgora, S. "Intimate partner violence and child custody evaluation: A model for preliminary clinical intervention", Frontiers in Psychology n.º 9, 2018, pág. 1471. Disponible en: https://doi.org/10.3389/fpsyg.2018.01471.

Goldberg, S. (2005) *Judging for the 21st Century: A Problem-Solving Approach*, Ottawa, Canadá, National Judicial Institute. Disponible en: http://www.joasa.org.za/aricles/Judgingfor21scenturyDe.pdf

Herzog-Evans, M. "Release and supervision: relationships and support from classic and holistic attorneys", The International Journal of Therapeutic Jurisprudence n.º 1, 2016, págs. 23 a 58. Disponible en: https://summitlawreview.org/TJ_1_1.pdf.

International Consortium for Court Excellence (2020) *International Framework for Court Excellence*. Sydney, Australia, Secretariat for the International Consortium for Court

Excellence. Disponible en: https://www.courtexcellence.com/__data/assets/pdf_file/0023/66605/The-International-Framework-3rd-Edition-Amended.pdf.

KAISER, K., y HOLTFRETER, K. "An Integrated Theory of Specialized Court Programs: Using Procedural Justice and Therapeutic Jurisprudence to Promote Offender Compliance and Rehabilitation", Criminal Justice and Behavior n.º 43 (1), 2016, págs. 45 a 62. Disponible en: https://doi.org/10.1177/0093854815609642

KATZ, S., y HALDAR, D. "The pedagogy of trauma-informed lawyering", Clinical Law Review n.º 22, 2016, págs. 359 a 393. Disponible en: https://ssrn.com/abstract=2768218.

KREYENFELD, M., y TRAPPE, H. (2020) "Introduction: Parental Life Courses After Separation and Divorce in Europe", en *Parental Life Courses after Separation and Divorce in Europe* (M. Kreyenfeld y H. Trappe, eds.), Cham, Suiza, Springer Open, págs. 3 a 21. Disponible en: https://doi.org/10.1007/978-3-030-44575-1.

LUND, M. E. "The place for custody evaluation in family peacemaking", Family Court Review n.º 53, 2015, págs. 407 a 417. Disponible en: https://doi.org/10.1111/fcre.12162.

MARTÍNEZ DE CAREAGA, C. M.; SÁEZ, M. C.; MARTÍNEZ, G., y CUESTA, A. (eds.) (2020) *Guía de criterios de actuación judicial en materia de custodia compartida*, Madrid, Consejo General del Poder Judicial.

MORALES, L. A., y AGUILAR, M. B. (2014) "Justicia Terapéutica: barreras y oportunidades para su aplicabilidad en México", en *Justicia Terapéutica: Experiencias y aplicaciones* (D. Wexler, F. Fariña, L. A. Morales y P. Colín, comps.), México, INACIPE, págs. 21 a 28.

ONG, D. Family Justice Courts Workplan 2020: *Today is a New Day*. 21 mayo 2020. Disponible en: https://www.familyjusticecourts.gov.sg/docs/default-source/news-and-events/2020_pj_address_workplan.pdf.

ORTUÑO, P. (2014) "Los conflictos de derecho de la persona y la familia y la TJ", en *Justicia Terapéutica: Experiencias y aplicaciones* (D. Wexler, F. Fariña, L. A. Morales y P. Colín, comps.), México, INACIPE, págs. 47 a 56.

PERLIN, M. (2020) "¿Has visto a la dignidad?: La historia del desarrollo de la Justicia Terapéutica", en *Justicia Terapéutica: un nuevo paradigma legal* (D. Wexler, M. S. Oyhamburu y F. Fariña, eds.), Madrid, Wolters Kluwer, págs. 17 a 24.

RICHARDSON, E.; SPENCER, P., y WEXLER, D. B. "The International Framework for Court Excellence and Therapeutic Jurisprudence: Creating Excellent Courts and Enhancing Wellbeing", Journal of Judicial Administration n.º 25 (3), 2016, págs. 148 a 166.

ROTTMAN, D., y CASEY, P. "Therapeutic jurisprudence and the emergence of problem-solving courts", National Institute of Justice Journal n.º 240, 1999, págs. 12 a 19. Disponible en: https://www.academia.edu/5973770/Therapeutic_Jurisprudence_and_the_Emergence_of_Problem_Solving_Courts.

STANNARD, E. (2020) *Therapeutic Jurisprudence in Aotearoa New Zealand's Family Justice System*. Thesis, Master of Laws. Universidad de Otago. Disponible en: http://hdl.handle.net/10523/9932.

Stobb, N. (2020) "La naturaleza de los paradigmas jurídicos: explorando la relación teórica conceptual entre el sistema contencioso y la justicia terapéutica", en *Justicia Terapéutica en Iberoamérica: un nuevo paradigma legal* (F. Fariña, S. Oyhamburu y D. Wexler, eds.), Madrid, Wolters Kluwer, págs. 17 a 80.

Stolle, D. P.; Wexler, D. B.; Winick, B. J., y Dauer, E. A. "Integrating Preventive Law and Therapeutic Jurisprudence: A Law and Psychology Based Approach to Lawyering", California Western Law Review n.º 34 (1), 1997, págs. 15 a 38. Disponible en: https://scholarlycommons.law.cwsl.edu/cwlr/vol34/iss1/3.

Tesler, P. H. "Collaborative law: A new paradigm for divorce lawyers", Psychology, Public Policy, and Law n.º 5 (4), 1999, págs. 967 a 1000. Disponible en: https://doi.org/10.1037/1076-8971.5.4.967.

Thulin, E. J.; Heinze, J. E., y Zimmerman, M. A. "Adolescent adverse childhood experiences and risk of adult intimate partner violence", American Journal of Preventive Medicine n.º 60 (1), 2021, págs. 80 a 86. Disponible en: https://doi.org/10.1016/j.amepre.2020.06.030.

Town, M. A. (1994) *The Unified Family Court: Therapeutic justice for families and children*, Rockville, National Institute of Justice.

Wexler, D. B. (1990) *Therapeutic Jurisprudence: The law as a therapeutic agent*, Durham, Carolina Academic Press.

– (1999) "Therapeutic Jurisprudence: An Overview", Cooley Law School's symposium on disability law, Michigan, USA.

– (2001) "The development of therapeutic jurisprudence: From theory to practice", en *The evolution of mental health law* (L. E. Frost y R. J. Bonnie, eds.), Washington, American Psychological Association, págs. 279 a 289. Disponible en: https://doi.org/10.1037/10414-014.

– "A Pro Forma Expungement Proceeding: A Lost Therapeutic Opportunity?", Arizona Legal Studies Discussion Paper, September 2017, págs. 17 a 22. Disponible en: https://ssrn.com/abstract=3039054.

– "Justicia Terapéutica: La Necesidad de la Educación Continua y la Participación en una Comunidad Sólida de TJ", Revista Iberoamericana de Justicia Terapéutica n.º 3, 2021.

– "The DNA of Therapeutic Jurisprudence", Arizona Legal Studies Discussion Paper, 2020, págs. 20 a 43. Disponible en: https://ssrn.com/abstract=3731574.

– y Winick, B. (1996) *Law in a therapeutic key: developments in Therapeutic Jurisprudence*, Durham, Carolina Academic Press.

– y Winick, B. (2009) "Therapeutic Jurisprudence", en *Principles of Addiction Medicine* (R. Ries, D. A. Fiellin, S. C. Miller y R. Saitz, eds.), Philadelphia, Lippincott Williams and Wilkins, págs. 1519 y 1520.

Winick, B. J., y Wexler, D. B. (2003) "Introduction", en *Judging in a Therapeutic Key* (B. J. Winick y D. B. Wexler, eds.), Durham, Carolina Academic Press, págs. 3 a 11.

YAMADA, D. "Therapeutic Jurisprudence: Foundations, Expansion, and Assessment", University of Miami Law Review n.º 75 (3), 2021, págs. 660 a 750.

ZELECHOSKI, A. D.; LINDSAY, R., y HEUSEL, L. (2020) "Trauma-Informed Child Custody Evaluation as Delinquency Prevention", en *Assessing Trauma in Forensic Contexts* (R. A. Javier, E. A. Owen y J. A. Maddux, eds.), New York, Springer, págs. 201 a 226.

Las familias recompuestas o reconstituidas*

Judith Solé Resina

Catedrática de Derecho civil de la Universitat Autònoma de Barcelona

I. Concepto de familia reconstituida

Son familias reconstituidas las formadas por personas que, tras la extinción de una relación anterior, contraen un nuevo matrimonio o constituyen una pareja estable –homosexual o heterosexual– y crean un nuevo hogar en el que conviven de forma permanente o temporal con al menos un hijo no común, fruto de una anterior relación de cualquiera de ellos –o de los dos–. A este grupo familiar se le pueden unir hijos comunes fruto de esta segunda relación, que serán medio hermanos de los hijos no comunes.

En estas familias se produce un entramado de relaciones más complejo que en las primeras familias, puesto que, normalmente, además de la pareja y los hijos comunes y no comunes, subsiste la "pareja parental", esto es, el otro progenitor de los hijos no comunes que vive fuera del núcleo familiar. Entonces, los hijos viven y se trasladan entre dos hogares y hay más de dos adultos en el rol parental[1]. En todo caso, hay que advertir ya que entre el adulto y el hijo de su pareja pueden establecerse vínculos afectivos profundos o más distantes, esto depende de cada caso concreto. Pero, por regla general, estos lazos son más intensos cuando falta el otro progenitor o no cumple con sus funciones, es decir, en caso de vacante por muerte o abandono del padre o madre biológico, porque entonces la nueva pareja del progenitor sustituye sus funciones de crianza.

En todo caso, no hay que perder nunca de vista que los menores no deciden romper una familia originaria ni pasar a formar parte de una familia reconstituida. No deciden tampoco que la familia reconstituida, tal vez, vuelva a romperse y puede que se constituya otra

---

* Este estudio forma parte de los trabajos que se desarrollan en el seno del proyecto de investigación "El derecho de familia que viene. Retos y respuestas", PID 2019-109019RB-100 del Ministerio de Ciencia y de Innovación.

[1] Claire Neirink (2003) *La famille que je veux, quand je veux? Evolution de droit de la famille*, pág. 24, sostiene que la noción de reconstitución de la institución familiar es, en verdad, incorrecta, porque los hijos habidos en otras relaciones continúan vinculados con sus respectivos padres más allá de las vicisitudes de sus vidas afectivas, y la familia de origen persiste, no se recompone.

nueva. Sin embargo, cargan con las consecuencias de todas estas decisiones y vicisitudes afectivas de los adultos[2].

Las familias reconstituidas reciben otras denominaciones, como: familias recompuestas, combinadas, ensambladas, familias complejas, segundas familias o familias plurales. Las parejas de los progenitores se conocen con los términos de madrastra o padrastro, padres y madres afines, o padres y madres sociales.

No se discute que este modelo de convivencia debe calificarse como familia y merece la protección social, económica y jurídica de los poderes públicos (art. 39 CE). En este sentido, la STS 320/2011, de 12 de mayo, dispone expresamente que "*El sistema familiar actual es plural, es decir, que desde el punto de vista constitucional, tienen la consideración de familias aquellos grupos o unidades que constituyen un núcleo de convivencia, independientemente de la forma que se haya utilizado para formarla y del sexo de sus componentes, siempre que se respeten las reglas constitucionales*". Y reconoce, a continuación, la obligación del estado de proteger a todo tipo de familia también con base en el art. 8 del Convenio Europeo para la Protección de los Derechos Humanos y de las Libertades Fundamentales, de 4 de noviembre de 1950, que establece, en su párrafo primero , que "*toda persona tiene derecho al respeto de su vida privada y familiar (...)*", y el art. 7 de la Carta de los Derechos Fundamentales de la UE, que dice: "*Toda persona tiene derecho al respeto de su vida privada y familiar, de su domicilio y de sus comunicaciones*".

El Código Civil español no contiene ninguna referencia expresa a este modelo familiar. Por el contrario, algunos ordenamientos civiles autonómicos presentan una definición legal de familia reconstituida. Así, el art. 231.1.2 del Código Civil de Cataluña (CCCat) define como familia reconstituida aquella que se compone de los progenitores, los hijos de cada uno de ellos no comunes y los hijos comunes de la actual unión. También la Ley 50 de la Compilación del Derecho Civil Foral de Navarra (CDCFN), tras la reforma operada por la Ley Foral 21/2019, de 4 de abril, de Modificación y Actualización de la Compilación, define en el párrafo segundo como miembros de las familias reconstituidas "*los hijos de cada progenitor que convivan en el mismo grupo familiar, sin que su pertenencia a ellas modifique el vínculo con el otro progenitor y con los efectos que el ordenamiento jurídico determine*".

Actualmente, la mayoría de las familias reconstituidas tienen el antecedente de una ruptura de pareja anterior (separación o nulidad matrimonial, divorcio o crisis de la pareja de hecho) y, en menor medida, otras tienen como causa la viudedad de uno de sus componentes. En esta línea, la Exposición de Motivos del Libro Segundo del CCCat afirma que el aumento de divorcios de los últimos tiempos se ha traducido en un aumento significativo del número de familias reconstituidas. Y ello –junto a la mayor tolerancia social, la escasa regulación sobre esta realidad y la transición demográfica– lleva al legislador catalán a regular normativamente en este ámbito, en consonancia con la línea iniciada por otros ordenamientos europeos.

En todo caso, la característica principal de la familia reconstituida es que forma parte de ella uno o más hijos nacidos fuera de la misma. Efectivamente, ni siquiera es necesario

---

[2] Bauman Zygmunt (2001) *La sociedad individualizada*, Madrid, considera que las familias reconstituidas son la expresión diáfana de la sociedad líquida, en la que los padrones familiares son más complejos y diversos y, en consecuencia, los parámetros en torno a la noción de familia más ambiguos.

que cuente con una pareja como núcleo esencial, pues la familia reconstituida también puede mantenerse –sobrevivir– tras la desaparición sobrevenida de uno de los miembros de la pareja, con lo que es a la vez una familia monoparental y reconstituida.

Desde luego que entre los hijos no comunes y el progenitor con quien no conviven –si lo hay– se mantiene la relación de potestad si son menores de edad y el conjunto de efectos derivados de la relación de filiación, de modo que los hijos no comunes, fuera de la familia recompuesta, pueden tener relaciones personales con su otro progenitor –ya porque se encuentra en un sistema de custodia compartida, ya porque siendo la custodia individual existe un régimen de visitas con el progenitor no custodio– y conservan sus derechos respecto aquel –que, a su vez, mantiene los derechos y obligaciones derivados de la potestad, también los de orden económico–[3].

Si falta uno de los progenitores –porque ha muerto o si el hijo o hija no tiene relación alguna con él (arts. 175 a 178 CC)– se podrá crear la relación de filiación entre el hijo o hija menor y el cónyuge del progenitor que vive –también con el conviviente, de acuerdo con el CCCat– mediante la adopción. Y en el Derecho común no puede descartarse el recurso al reconocimiento de complacencia, con la misma finalidad de crear una relación de filiación, aunque, por el contrario, el CCCat establece expresamente la nulidad del reconocimiento de complacencia por constituir un fraude de ley, art. 235-27.4 CCCat –más adelante volveremos sobre ello–.

En estos casos de adopción o reconocimiento de complacencia del hijo o hija de la pareja, faltaría en la nueva familia la característica de coexistir con los "restos" de la familia primera o de origen, por lo que dejaría de ser lo que *stricto sensu* se considera una familia reconstituida, para pasar a ser una "familia" –sin más– que carece de la mayor complejidad de la reconstituida. De ahí que la noción de la "constelación familiar recompuesta" propuesta por la socióloga francesa Thery[4] resulte especialmente gráfica para conceptualizar la familia recompuesta, pues representa las unidades familiares conectadas por los hijos que gravitan entre ellas y la red de vínculos que se generan[5].

En todo caso, la familia recompuesta plantea nuevas cuestiones relacionales y económicas, distintas a las de las primeras familias[6]. Así, de un lado, las relativas a las facultades y obligaciones (de contenido personal y patrimonial) de la pareja o cónyuge del progenitor

---

[3] En este sentido, el art. 231-1.2 CCCat dispone expresamente que el reconocimiento de los hijos no comunes como miembros de la familia reconstituida no altera los vínculos con el otro progenitor.

[4] Théry, I. (2002) "Le tems des recompositions", en *Families. Permanences et métamorphoses* (J. F. Dortier), Auxerre Cedex, Éditions Sciences Humaines, págs. 55 a 62.

[5] Théry, I., y Leroyer, A. M. (2014) *Filiation, origines, parentalité: le droit face aux nouvelles valeurs de responsabilité générationnelle, rapport remis à la ministre déléguée chargé de la Famille, ministère des Affaires sociales et de la Santé*, Paros, Odile Jacob, pág. 277, van más allá y afirman que "*On a alors pris conscience de l'existence d'une constellation familiale au sein de laquelle circulent non seulement les enfants, mais des pensions ali mentaires, des biens, des services, des sentiments, des souvenirs et des interdépendances, même si chaque foyer a son autonomie et veille à la proteger*".

[6] Algunos autores abogan por la existencia de un parentesco por afinidad de primer grado entre el cónyuge del progenitor y el hijo o hija no común, si bien coinciden en señalar que dicho parentesco no sirve para regular las familias reconstituidas porque no ofrece soluciones a los problemas que se generan en su seno. *Vid.* por todos, Carrillo Lerma, C. (2020) "Las familias reconstituidas: las relaciones familiares entre el cónyuge del progenitor y el hijo menor no común", Tesis Doctoral, Universidad de Murcia (inédita).

custodio con relación al hijo o hija no común y los correlativos deberes de obediencia y de contribución a las cargas de la familia recompuesta de los hijos, durante la convivencia de la familia. A lo que hay que añadir otros posibles derechos en favor de ambas partes, como derechos de subrogación en el arrendamiento, de indemnización por daños, etc. De otro lado, las cuestiones relativas a la atribución o distribución de la custodia de los hijos o hijas menores no comunes, los regímenes de visitas o relaciones personales tras la crisis de pareja o crisis matrimonial y la atribución del uso de la vivienda familiar, con especial atención a los supuestos de existencia de hermanos de vínculo sencillo.

Cabe señalar que existen algunas previsiones legislativas en los diversos ordenamientos civiles que coexisten en el territorio español y que se ocupan de concretas cuestiones relativas a las familias reconstituidas, que analizaremos a continuación. Sin embargo, por regla general se puede afirmar que el legislador no ha tenido en cuenta este modelo familiar al regular el Derecho de familia, lo que puede comportar efectos perjudiciales, especialmente para los hijos no comunes[7]. Para el tratamiento de la institución que nos ocupa es especialmente interesante el estudio de la jurisprudencia, que permite analizar los supuestos de hecho resueltos por los tribunales.

II. Efectos específicos de la familia reconstituida durante la convivencia y tras la muerte del progenitor

Las características específicas de la familia reconstituida plantean algunas cuestiones nuevas que no se dan en las "primeras" familias. Durante la convivencia de la familia reconstituida, en el ámbito personal, hay que determinar hasta qué punto la pareja del progenitor debe prestar cuidado y atención personal a los hijos no comunes y si estos, por su parte, tienen deber de obediencia respecto a aquel. En el terreno patrimonial, también hay que dilucidar si el cónyuge o la pareja del progenitor debe prestar atención económica a los hijos no comunes, y si estos deben contribuir al levantamiento de cargas de la familia reconstituida. De otra parte, hay que resolver qué sucede en las relaciones entre los hijos y la pareja del progenitor cuando este muere.

1. El cuidado y la atención personal de los hijos no comunes

El art. 68 CC —en su redacción dada por la Ley 15/2005, de 8 de julio, por la que se modifican el Código Civil y la Ley de Enjuiciamiento Civil en materia de Separación y Divorcio— dispone entre los deberes de los cónyuges el de compartir las responsabilidades domésticas y el cuidado y atención de ascendientes y descendientes y otras personas dependientes a su cargo. De este modo, hay que entender que, en caso de que la familia reconstituida se base en el matrimonio, el cónyuge del progenitor tiene el deber, de carácter personal, de cuidar y atender a los hijos no comunes. No hay una norma paralela, en el Derecho estatal, para el supuesto de que la familia reconstituida se constituya a partir de una unión no matrimonial, en la que no pueden predicarse deberes entre los convivientes.

---

[7] Así, por ejemplo, las normas relativas a la distribución del uso de la vivienda familiar (arts. 96 CC y 233-20 CCCat). Sobre esta cuestión volveremos más adelante.

El Derecho aragonés va más allá y prevé la posibilidad de que el cónyuge del progenitor –a quien denomina padrastro o madrastra– comparta el ejercicio de la potestad parental del hijo o hija menor no común a la muerte de aquel, siempre que el progenitor fuera el único titular de la autoridad familiar y que el menor conviva con ambos. El art. 85 del Código de Derecho Foral de Aragón (CDFA) dispone que, fallecido el único titular de la autoridad familiar, su cónyuge pueda continuar teniendo en su compañía a los hijos menores de aquel y encargarse de su crianza y educación, asumiendo a tales fines la correspondiente autoridad familiar.

El primer apartado del art. 85 CDFA habla de "*ejercer la autoridad familiar*" –no de detentar la titularidad–, por lo que pareciera que sigue siendo el progenitor el único titular de la autoridad y que el padrastro o madrastra solamente detenta el ejercicio. Pero para el caso de que fallezca el progenitor, el párrafo segundo de esta norma se refiere a la posibilidad de que el cónyuge "*asuma la autoridad familiar*" a los fines de encargarse de la crianza y educación del menor. Una autoridad familiar que se asume de forma automática al hacerse cargo voluntariamente de la crianza y educación del menor (art. 88.1 CDFA) y que comprende, en la medida necesaria al cumplimiento de estas funciones, en el ámbito personal, los mismos derechos y obligaciones que la de los padres, y no se extiende a la gestión de los bienes del menor. En este punto se plantea la necesidad de que el padrastro o la madrasta asuma la titularidad –no solamente el ejercicio– de la autoridad familiar, pues al morir el progenitor habría quedado vacante. Y, en esta línea, el párrafo cuarto de este mismo precepto se refiere expresamente a la titularidad de esta autoridad cuando dispone que "*Si no viven los padres, solo por motivos de mal trato o incumplimiento de dicha función podrá ser separado el menor del titular o titulares de esta autoridad*". De ahí que lo más lógico sea pensar que en ambos supuestos previstos en el art. 85 CDFA lo que se otorga al padrastro o madrastra es la titularidad de la autoridad familiar –es también lo más coherente en una interpretación sistemática del precepto–. Y si bien en rigor el contenido de dicha autoridad alcanza solamente la faceta personal del cuidado –crianza y educación– de los menores (arts. 64 y 65 CDFA), lleva aparejada, dentro de los límites establecidos por la ley, la administración y disposición de los bienes del menor no emancipado (art. 9 CDFA) y la representación legal del menor de 14 años (art. 12 CDFA).

En definitiva, podría decirse que el Derecho aragonés concede al cónyuge del progenitor, cuando este muere y siempre que fuera el único titular de la autoridad familiar, idénticos derechos y obligaciones que al progenitor respecto al hijo menor no común con el que convivieron, con un resultado parecido al de la institución de la tutela sobre el menor[8]. Pero, en todo caso, es de señalar que el CDFA atiende solamente a un tipo de familias

[8] El art. 116 CDFA coloca a los "padrastros" en el cuarto lugar en el orden de la delación dativa del tutor –tras el cónyuge del incapacitado que conviva con este o al otro miembro de la pareja estable no casada, los descendientes mayores de edad del incapacitado, y los padres–, salvo que el interés de la persona tutelada demande variar dicho orden. Para el caso de que la persona tutelada sea menor de edad no emancipada, la tutela solamente procede cuando faltan los padres o han sido privados de la autoridad familiar y el menor no se encuentra bajo la autoridad familiar de otra persona –como el padrastro o la madrastra, los abuelos o los hermanos mayores de edad–, aunque si estuviera en esta última situación se nombrará tutor de los bienes que carezcan de administrador (art. 130 CDFA). Es difícil de imaginar la situación en que el padrastro o madrastra sea nombrado tutor porque se habrá convertido antes en titular de la autoridad familiar, que se asume de forma automática al hacerse cargo voluntariamente de la crianza y educación del menor (art. 88 CDFA).

reconstituidas, que son aquellas en las que solo un progenitor detenta la autoridad familiar sobre el o la menor, y se basan en el matrimonio. Para el resto de tipologías de familia reconstituidas sigue habiendo un vacío legal.

También el Derecho catalán contempla la posibilidad de atribuir la guarda al cónyuge o conviviente del progenitor que la tenía atribuida de forma exclusiva en caso de muerte, aunque la prevé expresamente como "excepcional" frente a la solución normal de que sea el otro progenitor el que recupere la guarda[9]. El CCCat equipara a estos efectos los convivientes a los cónyuges (art. 236-15.1 CCCat). En este sentido, el art. 236-15.2 CCCat establece que la autoridad judicial, con informe del ministerio fiscal, puede atribuir la guarda y las otras responsabilidades parentales al cónyuge o conviviente en pareja estable del progenitor si este muere, siempre y cuando: a) el interés del hijo lo requiera, 2) el cónyuge o conviviente del progenitor difunto haya convivido con el menor y 3) se escuche al otro progenitor y al menor, de acuerdo con lo que establece el art. 211-6.2 CCCat.

Estas atribuciones –la "guarda y otras responsabilidades parentales"– coinciden con las propias de la de la titularidad de la potestad parental, aunque la norma no aclara si el conviviente o cónyuge del progenitor difunto pasa a ser titular. Nótese que la atribución de la guarda y otras responsabilidades parentales al cónyuge o conviviente en pareja estable del progenitor que fallece no se condiciona, en el Derecho catalán, al hecho de que sea el único titular de la potestad parental, por lo que puede ocurrir que dicha titularidad pase a ser compartida entre el progenitor que sobrevive y el último cónyuge o conviviente del progenitor difunto.

En último extremo, el art. 236-15.3 CCCat establece que el cónyuge o conviviente del progenitor difunto a quien no corresponda la guarda de acuerdo con esta previsión, si el interés del hijo lo justifica, puede pedir a la autoridad judicial que le atribuya un régimen de relación, siempre que haya convivido con el menor durante los dos últimos años. En este caso no detentará la potestad parental, aunque se le conceda un amplio régimen de relación, por lo que en los tiempos o períodos de relación que disfrute de la guarda del menor tendrá la condición de guardador de hecho.

De otro lado, el art. 222-10 CCCat sitúa al cónyuge o pareja estable del progenitor entre los llamados a la delación dativa del menor con el que convive en caso de muerte del progenitor. En el bien entendido que el menor que se sujeta a tutela es no emancipado y no se halla sujeto a potestad parental (art. 222-1 CCCat).

En otro orden de cosas, el Derecho catalán también dispone que el cónyuge o conviviente en pareja estable que en cada momento tiene la guarda del hijo tiene derecho a participar en la toma de decisiones sobre los asuntos relativos a su vida diaria. Y previene ya la solución a los supuestos en los que pueda haber algún desacuerdo entre el progenitor y su cónyuge o conviviente en pareja estable, disponiendo que prevalece el criterio del progenitor. Además, establece la posibilidad de que, en caso de riesgo inminente para el menor, el cónyuge o conviviente en pareja estable del progenitor que tiene la guarda del

[9] El art. 236-15.1 CCCat dispone la regla general de que *"Si muere el progenitor que tenía atribuida la guarda de manera exclusiva, el otro progenitor la recupera"*. La redacción de este apartado es poco afortunada, porque lleva a confusión la interpretación del concepto ya superado de *"guarda exclusiva"*.

hijo pueda adoptar unilateralmente las medidas necesarias para el bienestar del hijo, aunque ha de informar sin demora a su cónyuge o conviviente, que a su vez debe informar al otro progenitor (art. 236-14 CCCat). De esta manera se permite que el cónyuge o conviviente del progenitor, durante la convivencia, pueda ejercer algunas facultades inherentes a la potestad parental, aunque con un alcance muy limitado o de forma excepcional, sin que ello pueda incidir en el ejercicio o la titularidad de la potestad parental del otro progenitor del menor (el que no es su pareja).

Aunque no se dice expresamente, hay que entender que el hijo o hija, como contrapartida, tendrá deber de obediencia, esto es, debe obedecer al cónyuge o conviviente de su progenitor en la medida de las facultades que aquel detente. Siendo así, resultarán de aplicación las previsiones del art. 236-17.3 y 4 CCCat con relación al deber de respeto mutuo, el deber de obediencia de los hijos –salvo que se les trate de imponer conductas indignas o delictivas– y la facultad correctora sobre los menores proporcionada, razonable y moderada con pleno respeto a su dignidad e integridad física y psíquica.

Como ya se ha dicho, las relaciones personales y afectivas entre los hijos y la pareja del progenitor pueden ser más o menos intensas en función de la familia y el caso concreto. Las variables son infinitas y van desde el carácter, la edad y la personalidad de las personas implicadas, hasta las circunstancias, también cambiantes, que envuelven la convivencia: si el menor tiene otro progenitor fuera de la familia reconstituida que cumple sus funciones parentales, cuál sea la duración de la familia reconstituida, si se trata de la primera familia reconstituida o si ya hay más de una familia anteriores o simultáneas. Esta casuística hace poco aconsejable tratar de establecer unas reglas fijas que regulen las relaciones entre los hijos y las parejas de sus progenitores en las familias reconstituidas.

Ciertamente, algunas de las normas a las que hemos hecho referencia con anterioridad otorgan unas facultades al cónyuge o pareja del progenitor que, en función del caso concreto, pueden ser demasiado limitadas o pueden resultar excesivas. Son normas sin una clara fundamentación y un alcance poco delimitado que no aportan sino dudas en su aplicación. Aunque responden a la voluntad de facilitar el día a día de las familias reconstituidas, parten de las necesidades de los adultos y no toman como elemento a considerar de forma primordial la situación concreta del menor.

Probablemente, las parejas de los progenitores no necesitan el reconocimiento legal de facultades especiales para ejercer la guarda de los menores que no son hijos suyos –son suficientes las relativas a la guarda de hecho, por ejemplo, en los casos de urgencia–. El cuidado de los hijos menores corresponde a sus padres, que, claro está, pueden ayudarse de otras personas como sus parejas, pero las decisiones sobre los asuntos que afectan a los menores deben recaer, en la medida de lo posible, en los propios menores y, en último término, en quienes detentan la potestad sobre ellos. Aumentar el número de personas que pueden decidir sobre asuntos de su vida cuotidiana en ningún modo puede entenderse que redunda en su interés.

Si falta el otro progenitor –o no detenta la potestad– y el cónyuge o la pareja de hecho del progenitor desea ejercer las funciones de la potestad, puede proceder a la adopción mediante el procedimiento de adopción que garantiza el beneficio del menor. Entonces, las facultades parentales tendrán una fundamentación –la relación de filiación– y permanecerán con independencia de una posible nueva ruptura familiar.

Si lo que ocurre es que muere el progenitor con el que convive el menor, habrá que determinar, sobre la base de su interés superior, si debe quedar bajo la potestad del otro progenitor vivo o sujeto a tutela y, en este último caso, si la persona tutora debe coincidir con aquella con la que ha convivido, siempre en atención al interés del menor. Desde luego que no hay que rechazar la posibilidad de que el padre o madre social se conviertan en padre o madre adoptivo o en tutor o tutora del menor, ni tampoco que pueda establecerse, en caso distinto, un régimen de relaciones personales cuando sea en beneficio del menor, y siempre bajo la supervisión de la autoridad judicial que enjuiciará el caso concreto.

2. La atención económica de los hijos del cónyuge o la pareja estable que conviven en la familia reconstituida y la obligación de los hijos de contribuir al levantamiento de cargas de la familia

El CC sujeta los bienes de los cónyuges al levantamiento de las cargas del matrimonio, con independencia del régimen económico que regule el matrimonio (art. 1.318 CC). Pues bien, parece que los gastos de mantenimiento y educación de los hijos no comunes que conviven con la familia reconstituida deben considerarse cargas del matrimonio y, por tanto, deben ser soportados por ambos cónyuges. La lógica contrapartida es la obligación de los hijos de la familia de contribuir a las cargas de esta mientras vivan en el hogar familiar, recogida en el art. 155.2.º CC –los hijos deben contribuir equitativamente, según sus posibilidades, al levantamiento de las cargas de la familia, mientras convivan con ella–.

Además, el CC dispone expresamente que, para el caso de que el matrimonio se encuentre casado en régimen económico de sociedad de gananciales, la alimentación y educación de los hijos de uno solo de los cónyuges correrán a cargo de la sociedad de gananciales cuando convivan en el hogar familiar. En caso contrario, los gastos derivados de estos conceptos serán sufragados por la sociedad de gananciales, pero darán lugar a reintegro en el momento de la liquidación (art. 1.362 CC).

Nada se prevé en este cuerpo legal para el supuesto de que la familia reconstituida sea no matrimonial, y aquí el debate está abierto porque, como es sabido, la mayoría de la doctrina y la jurisprudencia rechaza la posibilidad de aplicar por analogía las normas económicas del matrimonio a las parejas estables.

El CDFA tampoco hace una referencia expresa general a la obligación de contribuir al mantenimiento de los hijos no comunes, pero el art. 218 CDFA dispone que, en el consorcio conyugal, son a cargo del patrimonio común: "*Las atenciones legítimas de la familia y las particulares de cada cónyuge, incluso la crianza y educación de los hijos de uno solo de ellos que convivan con el matrimonio*".

De otro lado, el Derecho aragonés establece también el deber del hijo de contribuir equitativamente a satisfacer las necesidades familiares mientras conviva con la familia (art. 187.3 CDFA), y el deber de colaborar en las tareas del hogar y en los negocios familiares, en la medida propia de su edad y de su condición vital, sin que por ello tenga derecho a reclamar pago o recompensa (art. 66 CDFA). Y dispone la facultad de los padres que ejerzan la autoridad familiar sobre el hijo, de destinar los productos del trabajo e industria de este y los frutos líquidos de sus bienes para atender los gastos de su crianza y educación; atendidos esos gastos, los padres que convivan con el hijo podrán destinar la parte sobrante a satisfacer, equitativamente, otras necesidades familiares. Si no disponen de otros medios, pueden destinar a este fin los bienes del hijo en la parte que, según la situación económica de la familia, resulte equitativa (art. 67 CDFA). En igual medida, cuando la autoridad familiar corresponda a personas distintas de los progenitores, así, al padrastro o a la madrastra, estas pueden destinar los productos del trabajo o industria del menor con el que conviven y los frutos líquidos de sus bienes para atender los gastos de su crianza y educación. Para ello podrán pedir su entrega a la persona que administre los bienes del hijo. Esta facultad no puede ser excluida por quien transmita bienes a favor del hijo (art. 68 CDFA).

En el Derecho foral navarro, los gastos de los hijos no comunes que conviven con la familia son gastos del matrimonio, a los que habrán de contribuir ambos cónyuges (Ley 80 CDCFN). Expresamente se reconocen gastos de la sociedad de conquistas los de alimentación y habitación de cualesquiera de los cónyuges económicamente dependientes y devengados en aquellos períodos en que compartan la convivencia y los alimentos y la educación de los hijos de una anterior unión de uno de los cónyuges si este no hubiere hecho la partición y entrega de bienes a que se refiere la Ley 114 CDCFN cuando la misma procediere (Ley 90 CDCFN). La Ley 109 CDCFN extiende la condición de comunes de la pareja a los gastos derivados de la alimentación y habitación en la vivienda familiar de los hijos de uno solo de los convivientes en pareja estable

Por su parte, el CCCat incluye los alimentos a los hijos no comunes que convivan con los cónyuges, siempre que los necesiten, entre los gastos familiares a los que están obligados a contribuir ambos cónyuges (art. 231-5 CCCat). El CCCat no dispone, en cambio, de una norma paralela en el caso de convivencia estable de pareja. De otro lado, establece expresamente que los hijos no comunes –concretamente dice los "*hijos comunes o no*"– mientras conviven con la familia deben contribuir proporcionalmente a sus posibilidades a los gastos familiares (arts. 231-6.2 y 236-22.1 CCCat).

A las anteriores hay que añadir otras concretas previsiones que, como advierte Celia Carrillo[10], evidencian la estrecha conexión entre las materias de Derecho de familia y de sucesiones. Así, el art. 68 de la Compilación de Derecho Civil de las Illes Baleares (CDCIB)[11], aplicable en las islas de Ibiza y Formentera, prevé la obligación del cónyuge usufructuario de prestar alimentos a los hijos del cónyuge premuerto que habiten en el hogar familiar, con cargo al usufructo universal capitular instituido en los *espòlits*.

En todo caso, y en términos generales, se puede afirmar que el deber de alimentar a los hijos del cónyuge que convivan con el matrimonio, allí donde se reconoce, encuentra causa

[10] Carrillo Lerma, C. (2020) "Las familias reconstituidas: las relaciones familiares entre el cónyuge del progenitor y el hijo menor no común", Tesis Doctoral, Universidad de Murcia (inédita), pág. 170.

[11] El art. 68 CDCIB dispone: "*El usufructuario queda obligado a prestar, con cargo al usufructo, alimentos al heredero, al consorte de este y a los hijos del cónyuge premuerto y del heredero que vivan en la casa, así como a consentir que se hagan en el usufructo las reducciones necesarias para pagar las legítimas y, en su caso, para constituir la dote*".

en la existencia de un matrimonio y en la convivencia familiar, por lo que la obligación cesa tanto en el momento en que los hijos no comunes dejan de vivir en la vivienda familiar como en el caso de disolución del vínculo conyugal.

En nuestra opinión, es importante interpretar estas previsiones legales de forma que no se solapen las obligaciones de contribuir a los alimentos de los progenitores y del cónyuge o conviviente (de los dos si ambos progenitores tienen nuevas relaciones). Ambos progenitores (si la filiación está determinada) están obligados a alimentar a sus hijos y son los únicos acreedores de los alimentos en sentido estricto. Entonces, ¿a qué finalidad responden las normas que disponen que las nuevas parejas de los progenitores deben contribuir a sus gastos? No hay regla que explique en qué medida deben contribuir ni cómo habrán de hacerse nuevos cálculos, y falta una aclaración que evite lo que en buena medida podría ser una suma de responsables de los mismos gastos no justificable. Sobre este aspecto, Miquel Martín sostiene que los padres sociales están obligados a prestar alimentos a los hijos de su pareja cuando los alimentos que estos reciben de sus progenitores no son suficientes para satisfacer sus necesidades, pero, si así fuera, dichos padres sociales actuarían a modo de responsables subsidiarios de la obligación de alimentos, y no parece que haya base legal para esta afirmación. En nuestra opinión, es más acertado entender que la contribución a los gastos de los hijos del cónyuge no es consecuencia de la obligación de prestarles alimentos –que no existe–. El fundamento del deber a esta contribución se puede encontrar en que el nivel de vida de la familia reconstituida sea más alto que el de la familia de origen y ello comporte que los gastos de los hijos también sean superiores y que esta diferencia deba ser parcialmente sufragada por el cónyuge o pareja estable del progenitor[12].

En otro orden de ideas se debate si en el dato de la convivencia –y para el caso de las familias reconstituidas– se sustentan otros derechos de sus miembros.

Se ha planteado concretamente con relación a la subrogación en el derecho de arrendamiento. La STC 13/1995, de 24 de enero, resuelve un supuesto en el que se pretende la subrogación de la hija del cónyuge de la arrendataria –quien ya se había subrogado previamente en el contrato del que era arrendatario original su cónyuge–, que había convivido en la vivienda desde su infancia. La primera instancia falló en favor de la segunda subrogación al considerar que existía una relación "*plenamente asimilable*" a la de madre e hija. La Audiencia Provincial, en cambio, revocó la sentencia y descartó la segunda subrogación con base en una interpretación literal del art. 59 LAU de 1964 –que era la ley aplicable al contrato– que reconocía este derecho a los "*descendientes legítimos, naturales o adoptivos*". El Tribunal Constitucional, por su parte, consideró que ambas interpretaciones realizadas por los tribunales de instancia eran constitucionales y, en el caso concreto, la solución final fue la que había resuelto la Audiencia Provincial, esto es, el rechazo a la subrogación del contrato de arrendamiento del que era titular la cónyuge de su padre fallecido, a pesar de haber sido este el primer arrendatario. Esta interpretación perjudica claramente a los hijos no comunes de la familia reconstituida.

---

[12] Martín Casals, M. (2016) "Els Pares i mares socials al Codi Civil de Catalunya", en *El futur del dret de familia, Homentage a Francesc Vega Sala*, Societat Catalana d'Advocats de Família, pág. 120, también se refiere a este tipo de gastos.

También se ha planteado con relación al derecho a la indemnización por el fallecimiento en accidente de tráfico. La SAP Madrid 39/2020, de 24 de febrero, reconoce la indemnización al marido de la madre, que ejercía las funciones parentales y convivía con el fallecido hasta el momento del accidente, y descarta este derecho del padre biológico que no había cumplido ni con el régimen de visitas ni con la obligación de alimentos establecida en la sentencia de divorcio. La Audiencia considera que es el marido de la madre quien ostentaba la condición de perjudicado y que puede incluirse dentro de la categoría de "*ascendientes de la víctima*" a la que se refiere el art. 62.3 del Real Decreto Legislativo 8/2004, de 29 de octubre, por el que se aprueba el Texto Refundido de la Ley sobre Responsabilidad Civil y Seguro en la Circulación de Vehículos a Motor (TRLRCSCVM)[13]. Y de este modo, en este caso concreto, no se discrimina por razón del modelo familiar, aunque es difícil de defender la existencia de una relación de parentesco –ascendencia– entre la víctima y la pareja de su progenitor, que parece podría encajar mejor en la categoría de "allegado".

III. La familia reconstituida tras la crisis de pareja o crisis matrimonial

Hay un absoluto vacío legal con relación a los problemas concretos que se presentan en la familia reconstituida tras la crisis matrimonial o de pareja con los hijos no comunes, motivo por el cual son los tribunales los que están proporcionando soluciones a la multitud de cuestiones que se les plantean. Veamos algunas de las más interesantes.

1. Custodia de los hijos comunes y relación entre hermanos de vínculo sencillo

La jurisprudencia menor distingue entre hermanos de vínculo sencillo y hermanos de doble vínculo al resolver sobre la custodia de los hijos de las familias reconstituidas tras la crisis matrimonial o de pareja. Se tiende a considerar que el criterio de no separación de hermanos del art. 92.5 CC no tiene igual alcance en ambos casos y, de este modo, se atribuye la custodia de los hijos comunes con independencia de la custodia de los hijos no comunes.

En este sentido, véase la SAP Las Palmas de Gran Canaria de 4 de julio de 2015, que señala: "*El hecho de que la madre cuente con otra hija de otra relación suponga inviabilidad de la custodia compartida, pues el criterio de «no separación de hermanos» del art. 92-5.º del CC ni es absoluto, ni tiene igual alcance respecto a hermanos de un solo vínculo –del mismo modo, podrá ocurrir que el padre tenga otros nuevos hijos en el futuro–, pues no puede sacrificarse la relación paritaria con los progenitores, cuando es favorable al interés del*

[13] El art. 62 TRLRCSCVM establece las categorías de perjudicados: "*1. En caso de muerte existen cinco categorías autónomas de perjudicados: el cónyuge viudo, los ascendientes, los descendientes, los hermanos y los allegados. 2. Tiene la condición de perjudicado quien está incluido en alguna de dichas categorías, salvo que concurran circunstancias que supongan la inexistencia del perjuicio a resarcir. 3. Igualmente tiene la condición de perjudicado quien, de hecho y de forma continuada, ejerce las funciones que por incumplimiento o inexistencia no ejerce la persona perteneciente a una categoría concreta o asume su posición*".

El cónyuge y el conviviente del progenitor también podrían incluirse en la categoría de "allegados", que son personas que han convivido familiarmente con la víctima durante un mínimo de cinco años inmediatamente anteriores al fallecimiento y fueran especialmente cercanas a ella en parentesco o afectividad (art. 67.1 TRLRCSCVM).

menor, en aras exclusivamente de un mayor tiempo de convivencia con un medio hermano. Este argumento podrá ser un indicador de conveniencia de la custodia exclusiva como refuerzo de otros elementos de decisión, pero de por sí carece de fuerza para eludir la custodia compartida cuando los indicadores principales conducen a este tipo de guarda. Ya que, además en el sistema de custodia exclusiva Crescencia también perdería contactos con su medio hermano durante el tiempo de las visitas y los períodos vacacionales, ya que al no ser hermanos de doble vínculo la separación en estos períodos sería inevitable".

La SAP Cádiz de 11 de abril de 2016 afirma que "*En cuanto a la separación de la hermana, es preciso decir que se trata únicamente de hermana por parte de madre, es decir medio hermana, pero asimismo no existe una separación de la misma, pues precisamente el régimen de guarda y custodia compartida, lo que va a producir es que de una parte estén las mismas juntas, en los períodos que corresponda, y de otra que no pierda relación la hija con su padre, y si bien se debe procurar que los hermanos permanezcan juntos, la relación con el padre, dentro de un sistema de normalidad, es más beneficiosa para la menor, que el incremento de las relaciones con la hija de la madre, por lo cual tampoco este punto es esencial para excluir la guarda y custodia compartida*".

Especialmente clara sobre esta cuestión resulta la SAP Lleida 228/2012, de 31 de mayo, que explica: "*El art. 231-1-2 del CCCat reconoce como miembros de la familia a los hijos de cada uno de los progenitores que convivan en el mismo núcleo familiar, como consecuencia de la formación de familias reconstituidas. Este reconocimiento, dice el mismo precepto, no altera los vínculos con el otro progenitor. Por tanto, este reconocimiento lo es como «miembro de la familia» y «con los efectos que se determinen legalmente», sin que pueda compartirse la tesis de la apelante cuando se refiere al amplio concepto de «hermano» y cuando invoca el art. 233-11 según el cual no puede separarse a los hermanos, salvo que las circunstancias lo justifiquen. Óscar y Arturo no son hermanos, aunque ambos formen parte de la familia reconstituida, y el art. 233-11 CCCat no resulta de aplicación al caso, ni siquiera analógicamente o como criterio orientador, porque dicho precepto se está refiriendo a los supuestos en que debido a la crisis conyugal se debe decidir sobre la atribución de la guarda de dos o más hermanos a uno u otro de sus progenitores, mientras que en el supuesto que nos ocupa solo se está planteando el régimen y la manera de ejercer la guarda del hijo común de los litigantes, Óscar, y no la de Arturo, que ya quedó fijada en la sentencia de divorcio que aprobó el convenio regulador suscrito por los progenitores de Arturo, sin que esta decisión pueda determinar que el régimen de alternancias para el ejercicio de la guarda compartida de Óscar haya de ser el mismo que el establecido para aquel. De seguirse el interesado criterio que propugna la recurrente se llegaría a la insólita situación de que en el caso de que se extinguiera la pareja estable constituida por su madre y Don Juan Luis la guarda de Óscar también se vería afectada por tal circunstancia, porque no podría separarse de su «hermano» Arturo. Los efectos jurídicos de la extinción de la pareja estable también están previstos en la nueva regulación y, entre ellos, el art. 234-7 CCCat se remite a los arts. 233-8 a 233-12 en lo que se refiere al ejercicio de la guarda de los hijos y relaciones personales, insistimos, «guarda de los hijos», obviamente, de los hijos comunes, nacidos de esa pareja estable. No se trata de desconocer o ignorar las nuevas formas de familia que se incorporan, reconocen y regulan en el Código Civil de Cataluña (a las que también se alude en el preámbulo de la Ley 25/2010, destacando las novedades respecto de la Ley 10/98) sino, simplemente, de atenernos precisamente a los mismos criterios que establece el art. 233-11 a efectos de determinar la manera de ejercer la guarda compartida de Óscar, teniendo en cuenta las propuestas del plan de parentalidad presentadas por las partes y el Ministerio Fiscal durante la sustanciación de la litis (...)".*

A pesar de lo anterior, los tribunales procuran fomentar la relación entre los hermanos de vínculo sencillo mediante los regímenes de estancias o visitas con el progenitor común, estableciendo, por ejemplo, pernoctas que la faciliten. Así, por ejemplo, la SAP Las Palmas de 28 de febrero de 2005 otorga al padre un régimen de visitas de fines de semana alternos con pernocta de una menor de seis años con expresa referencia al hecho de que este favorece la relación con sus hermanos de vínculo sencillo.

2. Custodia y relaciones personales de los hijos del excónyuge o exconviviente

Especial atención merece la atribución de la custodia del hijo o hija del cónyuge o conviviente tras la ruptura de la familia reconstituida, que también ha sido objeto de algunas resoluciones judiciales, si bien es muy poco frecuente.

En la STS 679/2013, de 20 de noviembre, el TS otorgó la custodia de dos hermanas de vínculo sencillo al padre de una de ellas, que había impugnado con éxito la paternidad respecto de la otra que resultó no ser su hija biológica. Este hombre se había vuelto a casar y tenía otro hijo con una nueva mujer, pero continuó encargándose de las dos menores de las que se había desentendido su madre. El TS atiende en esta resolución al interés superior de la menor que había convivido junto a su hermana desde el nacimiento y se encontraba adaptada a la nueva unidad familiar.

Mucho más frecuente es el establecimiento de regímenes de relaciones personales o visitas entre el menor y el cónyuge o conviviente de su progenitor con el que el menor ha convivido en el seno de la familia reconstituida. En este aspecto, los tribunales cada vez en mayor medida reconocen este derecho con base en el derecho de relaciones personales del menor con sus "allegados" que establece el art. 160.2 CC.

La SAP Madrid 249/2015, de 12 de marzo, plantea el caso en que doña Encarna, que es la pareja de la madre biológica, Ana María, reclama la maternidad del hijo concebido por Ana María mediante técnicas de reproducción asistida con su consentimiento; aquí, el interés reside en que las mujeres se hallaban casadas y separadas de hecho al tiempo del nacimiento del menor. Las mujeres habían contraído matrimonio el 5 de septiembre de 2008, y tenían una hija mayor también fruto de técnicas de reproducción asistida, cuya madre biológica era doña Encarna. Se separaron de hecho entre diciembre de 2012 y enero de 2013 y presentaron la demanda de divorcio con solicitud de medidas con fecha 19 de febrero de 2013. El nacimiento del segundo de los hijos fue en marzo de 2013 y fue inscrito con el nombre de la progenitora doña Ana María, madre biológica, anotada en el Registro Civil como casada. La madre biológica alega que no es aplicable el art. 7.3 LTRHA porque estaban casadas pero separadas de hecho; sin embargo, la Audiencia aplica el art. 116 CC y resuelve en favor de determinar la maternidad de doña Encarna. Atribuye a cada una de las madres la guarda de su hijo biológico y establece un régimen de visitas con las respectivas progenitoras no custodias, que ha de contribuir, dice la sentencia, a reforzar la relación paternofilial.

La solución es distinta en la SAP Madrid 1015/2018, de 30 de noviembre. En este caso, la pareja mujer de la madre biológica presta consentimiento a las técnicas de reproducción asistida y hay posesión de estado durante cinco años. Después se rompe la relación y la madre contrae matrimonio con otra mujer, a la que la menor considera su segunda madre. La primera pareja de la madre biológica reclama que se determine su maternidad y en otrosí que se establezca a su favor un régimen de visitas. La Audiencia entiende que *"las actuales relaciones del menor con la demandante impiden considerar positivo en el interés del menor que se fije la filiación solicitada, que lejos de repercutir en su beneficio desestabilizaría su actual equilibrio"*; sin embargo, sí que entiende apropiado fijar un régimen de relaciones personales que dispone en un fin de semana al mes, la mitad de las vacaciones de Navidad y de Semana Santa y 15 días de verano.

En esta línea, la STS 320/2011, de 12 de mayo, afirma que el interés del menor obliga a los tribunales a decidir que el niño tiene derecho a relacionarse con los miembros de su familia, con independencia de que entre ellos existan o no lazos biológicos, y con los allegados. Y plantea la cuestión del alcance de las relaciones personales del menor con el cónyuge o conviviente de su progenitor, partiendo de la base de que, si se fundamentan en el derecho de relaciones propio de un progenitor, debe ser más amplio que si circunscribe al derecho de relaciones que el menor pueda tener con una persona allegada, conforme al art. 160.2 CC. Si bien reconoce que *"es cierto que el art. 160 CC no determina la extensión ni la intensidad de los períodos en los que el menor puede relacionarse con sus allegados. Por tanto, se trata de una cuestión que debe ser decidida por el juez, quien deberá tener en cuenta: i) la situación personal del menor y de la persona con la que desea relacionarse; ii) las conclusiones a que se haya llegado en los diferentes informes psicológicos que se hayan pedido; iii) la intensidad de las relaciones anteriores; iv) la no invasión de las relaciones del menor con el titular de la patria potestad y ejerciente de la guarda y custodia y, v) en general, todas aquellas que sean convenientes para el menor"*.

El supuesto de hecho que da lugar a la citada sentencia viene configurado por una pareja de hecho de dos mujeres que, tras haber convivido 10 años, se separa con acusaciones de maltrato mutuo y doble prohibición de aproximación y comunicación. Tres años antes de la ruptura de la pareja, una de ellas se había sometido a técnica de reproducción asistida y había tenido un hijo respecto del que su compañera también había ejercido el papel de madre. En primera instancia, la autoridad judicial otorga a la compañera de la madre biológica un derecho de visitas amplio con base en el poder que le otorga el art. 158 CC y con el fin de evitarle perjuicios. La madre biológica apela y pide que el derecho de visitas se limite al establecido para personas allegadas en el art. 160.2 CC, y no al que se otorga a los progenitores. La Audiencia Provincial de Toledo confirma la sentencia de instancia y el Tribunal Supremo desestima el recurso contra la sentencia de la Audiencia. Entiende el Alto Tribunal que las relaciones personales deben adoptarse con base en el art. 160.2 CC por la condición de allegada, y no con fundamento en el art. 158 CC y la condición de progenitora de la pareja de la madre. Sin embargo, mantiene el régimen dispuesto en la sentencia de instancia, por cuanto considera que el interés del menor pasa por no privarle de las relaciones afectivas de las que venía disfrutando y que le eran beneficiosas, y ello con independencia de si existen o no lazos de sangre.

En un sentido similar, SAP Tenerife 231/2002, de 6 de mayo, y SAP Madrid 851/2019, de 18 de octubre. Otras sentencias, en cambio, deniegan el régimen de visitas en favor del cónyuge o pareja del progenitor, también en atención al interés del menor, porque se aprecian malas relaciones entre ellos, falta una estrecha relación personal o el menor lo rechaza. Así, las SAP Tenerife 104/2006, de 13 de marzo; SAP Alicante 149/2008, de 9 de abril, y SAP Melilla 71/2016, de 29 de diciembre.

En todo caso, la relación entre las parejas de los progenitores y los menores debe valorarse desde las necesidades e intereses de los menores, no de los progenitores ni de sus parejas. Si la relación personal es intensa y provoca lazos afectivos que benefician a los menores, estos deben preservarse y mantenerse en el tiempo, incluso más allá de la ruptura de la convivencia. Y pueden dar lugar al establecimiento de un régimen de relaciones personales con la expareja del progenitor tras la ruptura de la relación o, incluso, a la atribución de la guarda del menor si las circunstancias lo aconsejan. Habrá que estar a cada caso concreto y a la voluntad y la opinión del menor, que merecen ser especialmente atendidas en esta cuestión.

3. Obligación de alimentos respecto al hijo o hija del cónyuge o conviviente tras la ruptura de la familia reconstituida

Como se ha visto, durante la convivencia los gastos relacionados con los menores que conviven en las familias reconstituidas, aun siendo hijos no comunes, son considerados –al menos en parte– expresamente por la mayoría de los ordenamientos civiles de España como gastos familiares, que deben ser afrontados por ambos cónyuges o convivientes con la contribución del propio menor, en el caso de que tenga posibilidades económicas. Sin embargo, tras la ruptura de la relación entre el progenitor y la nueva pareja, los gastos derivados de los alimentos en sentido amplio vuelven a corresponder exclusivamente a sus progenitores, pues ninguna norma los atribuye de otra manera. Hasta el momento parece existir unanimidad entre la doctrina y la jurisprudencia en torno a la inexistencia de una obligación de alimentos del cónyuge o conviviente del progenitor con el hijo o hija no común tras el cese de la convivencia[14].

La justificación de esta negativa se halla en que faltan los elementos que podrían generar la obligación de alimentos. Así, de un parte, falta la relación de parentesco entre alimentante y alimentado, requisito de la obligación de alimentos entre parientes (arts. 143 CC y 237.2 CCCat); y de otra, tampoco existen alimentos institucionales, porque dicha obligación no deriva de la patria potestad, pues la pareja del progenitor no es titular de la misma.

En este sentido, el Tribunal Superior de Justicia de Cataluña, en la Sentencia 6/2006, de 23 de febrero, dispone que no se deben alimentos tras la ruptura matrimonial por falta de vínculo parental entre uno de los cónyuges y los hijos del otro que los justifique.

[14] En el sentido de que no procede otorgar pensión de alimentos: Sentencias de las AA. PP. Lérida 374/2016, de 19 de julio, y Melilla 71/2016, de 29 de diciembre.

Con todo, no se puede descartar que la existencia de hijos de uno solo de los cónyuges pueda influir en el montante de la pensión compensatoria que, en su caso, deba satisfacerle el otro tras el cese de la convivencia. En este punto hay que recordar que la pensión compensatoria viene a resolver los desequilibrios económicos que puedan generarse entre los cónyuges y trata de evitar, en la medida de lo posible, que la separación o el divorcio comporte un empeoramiento respecto de la situación anterior. Y, desde luego, los alimentos de los hijos que corresponde afrontar al progenitor influyen en su situación económica. Además, entre los datos que la autoridad judicial debe considerar para fijar su importe se encuentran las necesidades de los cónyuges y cualquier otra circunstancia relevante, por lo que la existencia de hijos a cargo no es un dato neutro en orden a la pensión compensatoria.

4. El reconocimiento de complacencia

Tratamiento al margen merece el supuesto del reconocimiento de complacencia en la familia reconstituida. Es el caso en el que el cónyuge o conviviente de la madre, a sabiendas de que el hijo de su pareja no es hijo suyo, y para los supuestos en que no se haya determinado la relación de paternidad respecto de otro hombre, lo reconoce como hijo, generándose de este modo una relación de filiación entre ambos. A menudo ocurre que, tras la ruptura del matrimonio o pareja estable con la madre de la criatura, el reconocedor pierde todo interés en seguir ejerciendo de padre y busca acabar también con esta relación de filiación y extinguir así las obligaciones que de ella se derivan, con el perjuicio que ello conlleva para el menor.

Es de señalar que el art. 235-27.4 CCCat dispone que el reconocimiento de la paternidad hecho en fraude de ley es nulo. La acción de nulidad es imprescriptible y puede ser ejercitada por el ministerio fiscal o por cualquier persona con interés directo y legítimo. De este modo, se trata de evitar los reconocimientos de complacencia y su posterior revocación, que no beneficia de ningún modo al menor.

Pero no existe una norma paralela en el Código Civil español y la doctrina debate sobre la posibilidad de revocación del reconocimiento cuando el reconocedor era sabedor de que no era el padre biológico en el momento de emitir la declaración de voluntad –reconocimiento de complacencia–[15].

Algunas sentencias, como la Sentencia de la Audiencia Provincial de Pontevedra de 26 de septiembre de 2014, con base en la doctrina de los propios actos, habían resuelto impedir la revocación del reconocimiento de complacencia[16].

---

[15] Hay que tener en cuenta que, en la mayoría de los casos resueltos por los tribunales, la impugnación llega con el divorcio de la pareja, cuando se plantean las cargas económicas a las que debe hacer frente el padre respecto el hijo reconocido.

[16] En Sentencia de 26 de septiembre de 2014, la Audiencia de Pontevedra aboga por la irrevocabilidad del reconocimiento de complacencia. Ello se fundamenta en la propia naturaleza jurídica del reconocimiento de un hijo, que no es una mera declaración de ciencia, basada en la convicción de que el reconocido es biológicamente hijo del reconocedor, sino una declaración de voluntad, un negocio jurídico por el que se crea un vínculo familiar, asumiendo la paternidad social y legalmente, siendo consciente, en ocasiones, su autor de que ello no se corresponde con la verdad biológica. Revocar tal negocio pugna con la doctrina de los propios actos (en contra STS 2016). Además, si en un negocio esencialmente revocable como es el testamento, el art. 741 CC salva el reconocimiento de un hijo, que no se podría dejar sin efecto, aunque se revocase el testamento que lo contiene, carece de lógica que, fuera del ámbito testamentario, se permita

Sin embargo, el Tribunal Supremo sienta la doctrina contraria en la STS 494/2016, de 15 de julio (pte.: Excmo. Sr. D. Fernando Pantaleón)[17]. En esta STS, en la que se trata de un supuesto de reconocimiento de complacencia, la aplicación de los estándares de la buena fe se efectúa con un claro sesgo de género. El Tribunal Supremo niega la aplicación de los principios de buena fe y la doctrina de los actos propios. Por el contrario, dice resolver aplicando los principios de seguridad jurídica, indisponibilidad del estado civil e interés superior del menor.

Dice la citada resolución que el reconocimiento no es nulo por ser de complacencia, que su validez no depende de que se corresponda con la verdad biológica (art. 138 CC). Y ello a pesar de que, de acuerdo con la STC 138/2005, de 26 de mayo, las exigencias del principio de veracidad biológica o prevalencia de la verdad biológica pueden y deben cohonestarse con las que impone el principio de seguridad jurídica en las relaciones familiares y de estabilidad de los estados civiles, especialmente en los menores de edad.

Concretamente, afirma la STS 494/2016 que "*No cabe sostener la ilicitud de la causa del reconocimiento de complacencia sobre la base de que la intención del reconocedor es hacer nacer, al margen de las normas de la adopción, una relación jurídica de filiación entre él y la persona de la que sabe o tiene la convicción de que no es hijo biológico suyo, puesto que dicha motivación no puede considerarse contraria a la ley: el autor de un reconocimiento de complacencia no pretende (ni por supuesto conseguirá) establecer una relación jurídica de filiación adoptiva con el reconocido. No puede considerarse tampoco una motivación contraria al orden público, cuando el propio legislador (hoy la Ley 17/2006, de 26 de mayo) permite con gran amplitud las técnicas de reproducción humana asistida con gametos o preembriones de donantes. Ni contraria a la moral: se constata que los reconocimientos de complacencia de la paternidad son frecuentes, y no se aprecia que susciten reproche social; lo que sugiere que cumplen una función que, normalmente –cuando la convivencia entre el reconocedor y la madre del reconocido perdura–, se ajusta a los deseos y satisface bien los intereses de todos los concernidos (...). En la contestación a la demanda, el representante de doña Rosalía alegó que: «[T]ras varios años de convivencia, dos de ellos casados, y una vez que el matrimonio decidió tener descendencia, el hoy actor planteó a mi presentada la conveniencia de reconocer antes a la hija para que todos los hijos tuvieran los mismos apellidos y no fuesen objeto de comentarios entre todos los compañeros una vez que se escolarizasen»*".

Justifica esta misma resolución que "*Parece creíble, se comprende humanamente, y todo pudo acabar bien. Cabe comprender también las reticencias de la gente común ante la solución alternativa de la adopción. Los reconocimientos de complacencia no son, pues,*

la impugnación del reconocimiento por mero cambio de voluntad del reconocedor o de la madre, casi siempre en función del empeoramiento de sus propias relaciones personales. En todo caso, además de entrar en juego la indisponibilidad del estado civil, regido por normas de orden público imperativas, el propio interés del menor se convierte en argumento decisivo, según la citada sentencia, pues existiendo un vínculo familiar con el reconocedor, a quien tiene como padre, difícilmente puede cohonestarse aquel interés con la revocabilidad del reconocimiento. Sin embargo, la propia indisponibilidad de la filiación como estado civil se argumenta también, precisamente, por algunos autores, para negar la aplicación de la doctrina de los propios actos a la impugnación de los reconocimientos de complacencia, aun contemplados estos como un fraude a las normas sobre la irrevocabilidad de la adopción.

[17] En el mismo sentido, la STS 713/2016, de 28 de noviembre.

una práctica que el brazo armado del Derecho tenga que combatir". Y que "*Tampoco cabe invocar a dicho efecto lo que dispone el artículo 7.1 CC (doctrina de los actos propios), pues las cuestiones de estado civil son de orden público indisponible (art. 1.814 CC)*".

Y añade: "*Es cierto que el artículo 8.1 de la Ley 14/2006, de 26 de mayo, sobre técnicas de reproducción asistida, prohíbe impugnar su paternidad al marido que haya prestado consentimiento formal, previo y expreso a la fecundación de su mujer con contribución de donante; pero la diferencia entre ese tipo de casos y los reconocimientos de complacencia de la paternidad es clara y decisiva: el reconocedor de complacencia es ajeno a la decisión de la madre de engendrar al que será reconocido por aquel*". Y que "*No parece justa una visión general de los reconocedores de complacencia como personas frívolas o inconstantes, cuyos caprichosos cambios de opinión no pueda el Derecho tolerar: a las que deba privárseles de toda posibilidad de reconstruir su vida afectiva y familiar, aunque se haya quebrado la convivencia con la madre del reconocido a pesar de lo que, en la normalidad de los casos, preveían y deseaban que ocurriera. La solución de que, aun siendo reconocedores de complacencia, puedan tener esa posibilidad abierta durante los breves plazos de caducidad establecidos con carácter general en los artículos 136 y 140.2 CC, nos parece una solución moderada, que conjuga adecuadamente los intereses en juego*".

De este modo, argumentando que no se trata de un "reconocimiento de conveniencia" con fraude de ley, sino de un reconocimiento de complacencia, y excluyendo la aplicación de la doctrina de los actos propios, dado que las cuestiones de estado civil son de orden público indisponible, la STS 494/2016 permite a quien había reconocido ser padre impugnar la paternidad.

Con mucho acierto, el magistrado Excmo. Sr. D. Xavier O'Callaghan expresa en su voto particular de la STS de 4 de julio de 2011 la necesidad de un cambio de doctrina del Tribunal Supremo, con base en los valores sociales —que han de trasladarse a la solución mediante la aplicación del principio general de la buena fe—: "*En palabras llanas y en síntesis, el caso lo resolvemos en forma verdaderamente sangrante: un hombre se enamora de una mujer soltera que tiene un hijo reconocido solo por ella, de una relación anterior, él, en el calor de su enamoramiento reconoce a aquel hijo como suyo, a sabiendas que no lo es; más tarde se extingue aquel amor y rompe, como si fuera un simple papel, aquel reconocimiento y, con ello, el estado civil de aquel niño (o ya chico o ya hombre). En otras palabras, su reconocimiento depende exclusivamente de la voluntad del reconocedor; cuando el reconocedor se pelea con la mujer, se separa y se termina la posesión de estado con el reconocido. Se aplica realmente el párrafo primero del artículo 140 del Código civil alegando el reconocedor que no es padre (lo que es cierto), prescindiendo que lo sabía y aceptaba cuando reconoció (lo que también es cierto). La realidad social y el ordenamiento entiendo que no lo admiten y espero que la Sala —más pronto o más tarde— cambie el criterio que ahora ha mantenido en el pleno e impida este desaguisado*".

En nuestra opinión, es urgente una reforma del Código Civil que, en la línea del Código Civil de Cataluña, disponga la nulidad del reconocimiento hecho en fraude de ley.

5. Atribución del uso de la vivienda familiar. Especial consideración del supuesto de existencia de hermanos de vínculo sencillo

Las reglas sobre atribución o distribución del uso de la vivienda familiar se basan en el dato de la existencia o no de hijos comunes y desatienden la posibilidad de que convivan con la familia hijos no comunes.

Así, el art. 96.1 CC establece que "*En defecto de acuerdo de los cónyuges aprobado por el Juez, el uso de la vivienda familiar y de los objetos de uso ordinario en ella corresponden a los hijos y al cónyuge en cuya compañía queden*", y el art. 233-20 CCCat dispone que "*A falta de acuerdo o si este no es aprobado, la autoridad judicial debe atribuir el uso de la vivienda familiar, preferentemente, al progenitor a quien corresponda la guarda de los hijos comunes mientras dura esta*".

Ello obliga a los tribunales a efectuar interpretaciones forzadas de la norma en búsqueda de la justicia material del caso concreto y el interés superior de los menores.

En este sentido, existen dos pronunciamientos recientes del Tribunal Supremo sobre esta cuestión que merecen ser comentados. Son dos sentencias que ponen de manifiesto la necesidad de adaptar la normativa relativa a los efectos de las crisis matrimoniales que están pensadas para las crisis de las "primeras" familias, pero no de las familias reconstituidas o recompuestas.

La STS 563/2017, de 17 de octubre. En el caso de autos, doña Raimunda formuló demanda de adopción de medidas definitivas en las que, entre otras, solicitó se le atribuyera el uso de la vivienda familiar, como progenitora custodia de su hija menor Zaira, nacida en 2008, debiendo abandonarla el padre, don Justiniano. La oposición a esta medida por parte el demandado se justifica por el perjuicio que la misma produciría a su otra hija menor, Victoria, nacida en el 2000, fruto de una relación anterior y que había convivido con ellos y durante los ocho años que había durado la relación, por ser el de esta hija el interés más necesitado de protección, y porque la vivienda es propiedad de sus padres, disponiendo doña Raimunda de otra vivienda adecuada a sus necesidades, también de propiedad familiar.

El TS afirma que reconoce que "*El artículo 96 del Código Civil no contempla la situación familiar que deriva del interés de dos hijas de madres diferentes por mantenerse en la misma casa, que es además propiedad de los padres de uno de ellos, lo que pone en evidencia una vez más la necesidad de un cambio legislativo que se adapte a estas nuevas realidades*".

Y dispone el TS que "*La aplicación analógica que ha hecho la sentencia, incardinando la medida de uso en el párrafo 2.º y no en el 1.º del artículo 96, es correcta porque: 1. Solo en caso de pluralidad de hijos y custodia dividida se concede normativamente al juez la decisión de atribuir el uso de la vivienda familiar a uno y otro progenitor en la que ha existido una convivencia estable. 2. Es cierto que el padre de Victoria no tiene atribuida la custodia de esta hija, hermana de vínculo sencillo de Zaira, que no es parte en este litigio. Es, sin embargo, hecho probado de la sentencia que la vivienda litigiosa ha constituido la residencia familiar estable de ambas niñas, su lugar de encuentro, durante períodos amplios, pese a no ser propiedad de ninguno de los progenitores, lo que ha permitido no solo una efectiva comunicación entre las hermanas de vínculo sencillo, sino cumplimentar una de las indicaciones en las que el Código Civil objetiva el interés del menor: procurar «no separar a los hermanos» (artículo 92.5). Que las hijas sean de progenitoras distintas no debe dar lugar a que esta unión entre ambas quede desfavorecida mediante la atribución del uso a la parte recurrente a través del párrafo 1.º del artículo 96 del Código Civil, por ser la progenitora en cuya compañía queda la hija. No haciéndolo, se consigue mantener el encuentro entre Victoria y Zaira en la vivienda que fue de las dos puesto que si el uso se atribuye a Zaira y su madre, bajo cuya custodia queda, se vería desplazada la otra hija menor del padre y «desfavorecidas ambas en sus necesidades de convivencia con el progenitor que tienen en común», lo que no es conforme con el interés familiar preferente y necesitado de mayor protección al entorpecer «el desarrollo vital común de las hijas, custodia y comunicación entre ellas» en los períodos de convivencia con el padre (...). Existe en este caso otra vivienda en la misma zona, que constituyó el domicilio de la recurrente antes de iniciarse la convivencia con el demandado, propiedad familiar, y de la que no niega que pueda utilizarla, ni opone razones para considerarla inadecuada (...). La sentencia 695/2011, de 10 de octubre estableció la doctrina siguiente: «El juez puede atribuir el uso de una vivienda que no sea la que se está ocupando en concepto de vivienda familiar cuando el inmueble que se está utilizando pertenezca a terceras personas en orden a proteger el interés de los menores y ello siempre que la residencia que se atribuya sea adecuada para satisfacer las necesidades de los hijos». Pues bien, la vivienda que fue familiar de esta segunda relación es propiedad de los padres del demandado, por lo que atribuir su uso a la hija y a la madre que ostenta la guarda y custodia, «corre el riesgo de resultar inútil, puesto que sus propietarios pueden recuperarla mediante el ejercicio de la acción de desahucio por precario (...). Ello perjudicaría a la menor, cuyo interés es el que debe presidir la atribución de la vivienda» (sentencias 695/2011, de 10 de octubre; 596/2015, de 30 de octubre, 279/2016, de 28 de abril)".*

La STS 79/2018, de 14 de febrero, se remite a la doctrina sentada en la STS 563/2017. La cuestión que se plantea en este caso es también la de a quién debe atribuirse el uso y disfrute del domicilio familiar cuando hay hijos menores de diferentes relaciones. La recurrente, que tiene la guarda exclusiva de su hijo menor común de dos años de edad, solicita el uso de la vivienda familiar por aplicación del art. 96 CC. Dicho uso había sido atribuido al padre, que a su vez tenía atribuida en exclusiva la guarda y custodia de las hijas nacidas de una relación anterior y que es el titular de la vivienda.

El TS reitera que no cabe una aplicación automática del art. 96 CC. Destaca que la vivienda es privativa del demandado y se encuentra gravada con una hipoteca cuya cuota de amortización asciende a 550 euros mensuales y que, siendo los ingresos mensuales del demandado de unos 1.500 euros mensuales, el uso de la vivienda le es imprescindible para garantizar la convivencia, el cuidado y la manutención de otras dos hijas menores a su cargo habidas de una relación anterior.

Lo anterior pone en evidencia, tal y como se viene repitiendo, la necesidad de tomar en consideración los distintos modelos familiares existentes al regular las crisis matrimoniales o de pareja. Hay que atender, especialmente, la posibilidad de que existan hijos comunes e hijos no comunes en las familias recompuestas —hermanos de vínculo sencillo—.

Y un supuesto específico que se ha de considerar es aquel en que no existen hijos comunes, pero sí conviven con la familia reconstituida hijos de uno de los miembros de la pareja.

Conforme a la legislación vigente, en caso de ruptura del matrimonio se podrá atribuir el uso de la vivienda familiar a aquel de los dos cónyuges que es progenitor únicamente cuando en él concurra el interés más necesitado de protección, pero no se contempla la atribución por motivo de la convivencia con sus hijos no comunes (arts. 96 CC y 233-30 CCCat).

Y para el caso de la ruptura de la pareja estable ni siquiera se prevé dicha posibilidad. Desde luego, no se plantea en el Código Civil español, que no establece los efectos de la extinción de la pareja de hecho. Pero nótese cómo tampoco el Derecho catalán, que contempla un régimen jurídico de las parejas estables y una norma específica sobre la atribución o distribución del uso de la vivienda familiar tras la ruptura de la pareja, prevé la posibilidad de atribución del uso de la vivienda familiar al conviviente no titular a falta de hijos comunes (art. 234-8 CCCat).

IV. Los efectos que la constitución de una nueva familia produce sobre los miembros de la familia de origen

La formación de una nueva familia por parte de uno o de los dos cónyuges o convivientes de la familia originaria no es neutra para el resto de los miembros de aquella. Supone una nueva circunstancia que puede hacer variar las medidas definitivas adoptadas en el procedimiento de separación, divorcio o ruptura de la pareja anterior, tanto las de alcance económico como las de alcance personal y afectar directamente —en general en sentido negativo— al excónyuge y a los hijos de la relación anterior. Consideración especial merece la afectación que provoca sobre el derecho al uso del domicilio familiar que se hubiere otorgado a quien forma la familia reconstituida.

De un lado, los hijos habidos en la familia recompuesta son considerados una nueva circunstancia o circunstancia sobrevenida que puede suponer un cambio sustancial y comportar una disminución de las posibilidades económicas del acreedor, con la correspondiente rebaja o extinción de una pensión compensatoria al excónyuge o de la pensión de alimentos a los hijos habidos de una relación anterior[18].

De otro lado, la formación de una nueva familia por parte de uno de los progenitores también puede tener efectos en la atribución de la guarda de los menores habidos en la

[18] *Vid.*, por todas, la STS 250/2013, de 30 de abril, que afirma: "*Sin duda el nacimiento de nuevos hijos, tanto en sede matrimonial normalizada como en otra posterior tras la ruptura, determina una redistribución económica de los recursos económicos de quienes están obligados a alimentarlos para hacer frente a sus necesidades. No es lo mismo alimentar a uno que a más hijos, pero sí es la misma la obligación que se impone en beneficio de todos ellos. El hecho de que el nacimiento se produzca por decisión voluntaria o involuntaria del deudor de una prestación de esta clase, no implica que la obligación no pueda modificarse en beneficio de todos, a partir de una distinción que no tiene ningún sustento entre unos y otros, por más que se produzca por la libre voluntad del obligado. El tratamiento jurídico es el mismo pues deriva de la relación paterno filial. Todos ellos son iguales ante la Ley y todos tienen el mismo derecho a percibir alimentos de sus progenitores, conforme al artículo 39 de la Constitución, sin que exista un crédito preferente a favor de los nacidos en la primitiva unión respecto de los habidos de otra posterior, fruto de una nueva relación de matrimonio o de una unión de hecho del alimentante. Es decir, el nacimiento de un nuevo hijo sí que puede suponer una modificación sustancial de las circunstancias que se tuvieron en cuenta en el momento de fijarlos a favor de los anteriores (...)*".

anterior relación. Es de señalar que los tribunales tienen en cuenta, a estos efectos, el dato de la relación personal entre el cónyuge o conviviente del progenitor en las familias reconstituidas. En este sentido, Joan Cerdà ha puesto de manifiesto cómo dicha relación personal incide en la casuística judicial en la solución de la solicitud o revisión de la custodia de los menores, especialmente cuando se solicita la custodia compartida en un procedimiento de modificación de medidas de una ruptura de pareja anterior. En ocasiones, la solicitud de la custodia compartida se apoya en la buena relación del menor con la nueva pareja del progenitor que asume un rol destacado y los hermanos de vínculo sencillo, y la buena integración del menor en una nueva unidad familiar (familia reconstituida).

En esta línea, la SAP Barcelona 28/2019, de 17 de enero, resuelve un procedimiento de modificación de medidas en el que el padre solicita pasar de un régimen de custodia de la madre a uno de custodia compartida, y expresamente reconoce que "*(...) en el presente caso hay diversas variaciones importantes respecto de las contempladas por ambas partes al tiempo de convenir su divorcio (...) uno de ellos es que el padre ha reconstituido familia en domicilio propio de alquiler, que está a la misma distancia del centro escolar que lo está el domicilio materno; que los niños tienen un nuevo hermano por parte de padre y que este tiene un nuevo trabajo como cocinero con horario más estable, sin cambios de turno y con cierta flexibilidad de entrada y salida que le debe permitir organizarse sus deberes de cuidado y atención a los hijos ya sea directamente o a través de terceras personas de confianza (...)*".

Y la formación de una familia recompuesta produce efectos, asimismo, con relación a la extinción del uso de la vivienda familiar atribuido tras la ruptura de la primera familia. Así, aunque el Código Civil no cuenta con ninguna disposición expresa en este sentido, la doctrina del TS sostiene que la convivencia del cónyuge beneficiario con otra persona extingue el uso. En esta línea, la STS de 20 de noviembre de 2018 resuelve un caso en el que el uso de la vivienda familiar –copropiedad de los cónyuges– se otorgó a la esposa, quien había obtenido la guarda de dos hijos menores de cinco y ocho años. La mujer comenzó a convivir con una nueva pareja y el exesposo interpuso una demanda de modificación de medidas en la que solicitaba la extinción del derecho del uso y, alternativamente, la reducción del importe de la pensión de alimentos de los hijos.

El Alto Tribunal argumenta en la citada resolución que la entrada de una tercera persona determina la pérdida de la condición de "vivienda familiar", dejando de servir a los fines propios del matrimonio, y que los hijos menores pueden satisfacer su derecho de habitación mediante otros medios. Sin embargo, la vivienda, que en verdad había dejado de servir a los fines del matrimonio cuando se produjo su ruptura, seguía sirviendo a la familia –ahora a la familia reconstituida– y al interés superior de los menores, por cuanto en su momento la atribución del uso se entendió la respuesta más adecuada a los problemas económicos que resultaban del divorcio.

Algunos derechos civiles autonómicos contienen reglas expresas sobre esta cuestión. Así, los arts. 233-24 CCCat y 12.11 de la Ley 7/2015, de 30 de junio, del País Vasco de Relaciones Familiares en Supuestos de Separación o Ruptura de los Progenitores, prevén expresamente que el matrimonio o la convivencia matrimonial del cónyuge beneficiario con otra persona extinguen el derecho de uso, aunque con una diferencia significativa: la Ley del País Vasco establece esta causa de extinción del uso como norma general, salvo pacto en contrario. En cambio, la ley catalana prevé la extinción del uso por causa de matrimonio o convivencia marital con otra persona solamente en el caso en que el derecho de uso se atribuyera con carácter temporal por razón de la necesidad del cónyuge [art. 233-24.2 b) CCCat]. Siendo así, no será de aplicación cuando el uso se atribuyó por razón de la guarda de los hijos, supuesto en el que la extinción se producirá solamente por llegar al fin de la guarda (art. 233-24.1 CCCat).

La solución catalana parece la más respetuosa con los hijos y protege en mayor medida sus intereses, porque no vincula a la constitución de la familia recompuesta el efecto automático de la extinción del uso de la vivienda familiar. Lo anterior, sin perjuicio de que dicha constitución pueda mejorar la situación económica del progenitor beneficiado con el uso y justificar una modificación de medidas en la que, en todo caso, deberá primar el interés superior del menor.

V. Bibliografía

ALASTUEY ARGUIBIDE, I. "Derecho del menor a relacionarse con la mujer ex pareja de su madre", Revista Aranzadi Doctrinal n.º 4, 2011.

BAUMAN, Z. (2001) *La sociedad individualizada*, Madrid.

BERNALTE BENAZET, J. "Las nuevas figuras parentales en la realidad familiar actual", Revista de Derecho de Familia n.º 63, 2014.

BONILLA MORENO, I. (2016) "El uso y abuso de la vivienda familiar", en *El futur del dret de família, Homentage a Francesc Vega Sala*, Societat Catalana d'Advocats de Família, págs. 115 a 130.

BOSCH, A. "Las familias reconstituidas y las cuestiones de protección patrimonial", Ponència a les XIII Jornades de Dret català a Tossa, Tossa de Mar, 23 y 24 de septiembre de 2010. Disponible en: http://civil.udg.edu/tossa/2004/textos/pon/3/ab.htm el 26/07/2020.

CARRILLO LERMA, C. (2020) "Las familias reconstituidas: las relaciones familiares entre el cónyuge del progenitor y el hijo menor no común", Tesis Doctoral, Universidad de Murcia (inédita).

CARTIÉ JULIÀ, M., y GIMENO GARROTE, L. (2011) *Famílies reconstituïdes: un nou model de parentalitat. Una perspectiva des del SATAF*, Barcelona.

CERDA SUBIRACHS, J. (2019) "La modificación de medidas en la sociedad líquida", Tesis doctoral dirigida por Judith Solé Resina. Universidad Autónoma de Barcelona. Disponible en: https://www.tdx.cat/bitstream/handle/10803/665795/jcs1de1.pdf?sequence=1&isAllowed=y.

CORRAL GARCÍA, E. "La familia monoparental y el interés del menor", Actualidad Civil n.º 22, 2008.

DÍAZ MARTÍNEZ, A. "Comentario a la Sentencia de 12 de mayo de 2011", Revista Cuadernos Civitas de Jurisprudencia Civil n.º 88, 2012.

Fernández González, B. (2016) "La paternidad de hecho", en *La maternidad y la paternidad en el siglo XXI* (S. Tamayo Haya), Granada, Comares, págs. 181 a 198.

Fernández Martínez, J. M. "Derecho de relación con el menor y derecho de visitas", Revista Aranzadi Doctrinal n.º 4, 2011.

Ferrer Riba, J. "Atribución del uso de vivienda familiar en una ruptura de pareja de hecho concurriendo menores de edad hijos de distinto progenitor", Revista Cuadernos Civitas de Jurisprudencia Civil n.º 108, 2018.

Iglesias Martín, C. R. "El derecho de estancia y comunicación de los menores en las crisis matrimoniales. Especial referencia en las situaciones de custodia compartida", Revista Doctrinal Aranzadi Civil-Mercantil n.º 7, 2018.

Martín Casals, M. (2016) "Els Pares i mares socials al Codi Civil de Catalunya", en *El futur del dret de familia, Homentage a Francesc Vega Sala*, Societat Catalana d'Advocats de Família, págs. 115 a 130.

Navas Navarro, S. (2011) "Los derechos del menor en las familias reconstituidas. A propósito de los arts. 236-14 y 326-15 del Libro Segundo del CCC, relativo a la persona y la familia", en *El nuevo Derecho de la persona y de la familia. Libro Segundo del Código Civil de Cataluña* (R. Barrada Orellana, M. Garrido Melero y S. Nasarre Aznar, coords.), Barcelona, Bosch, págs. 617 a 686.

Neirink, C. (2003) *La famille que je veux, quand je veux? Evolution de droit de la famille.*

Paniza Fullana, A. "Doble maternidad de hecho y su problemática", Revista Doctrinal Aranzadi Civil-Mercantil n.º 7, 2011.

Roca Trías, E. "La regulación de les famílies recompostes o reconstituïdes", en Nous reptes del dret de familia. Materials de les Tretzenes Jornades de Dret català a Tossa, Documenta Universitaria, Girona, 2005, págs. 213 a 238.

Rubio Torrano, E. "Patria potestad y ejercicio de la guarda por un no progenitor: superior interés del menor", Revista Doctrinal Aranzadi Civil-Mercantil n.º 11, 2018, págs. 167 a 170.

Tamayo Haya, S. (2009) *El estatuto jurídico de los padrastros: nuevas perspectivas jurídicas*, Madrid, Reus.

Théry, I. (2002) "Le tems des recompositions", en *Families. Permanences et métamorphoses* (J. F. Dortier), Auxerre Cedex, Éditions Sciences Humaines, págs. 55 a 62.

Théry, I., y Leroyer, A. M. (2014) *Filiation, origines, parentalité: le droit face aux nouvelles valeurs de responsabilité générationnelle, rapport remis à la ministre déléguée chargé de la Famille, ministère des Affaires sociales et de la Santé*, Paros, Odile Jacob.

Vaquer Aloy, A., e Ibarz López, N. "Las familias reconstituidas y la sucesión a título legal", Revista de Derecho Civil, vol. 4, n.º 4, 2017, págs. 211 a 235.

Modelos de Derecho comparado

Belén Ureña Carazo

Magistrada-Juez del Juzgado de Primera Instancia n.º 7 de Marbella. Doctora en Derecho

En España, el término comúnmente aceptado para referirse a la situación de aquellas parejas unidas de forma estable o mediante matrimonio cuando se disuelven y deciden volver a formar otra familia es el de "familia reconstituida", también conocida como familia ensamblada, transformada, rearmada, recompuesta, de segundo núcleo, mosaico, combinada o mixta[1]. En nuestro Código Civil no existe referencia alguna a este tipo de familia ni se regulan los diversos efectos de la relación existente entre los hijos del progenitor biológico y su nuevo cónyuge o pareja (el padrastro/madrastra, el padre/madre social, el progenitor de hecho, el padre/madre afín o el tercer progenitor).

Si bien el fenómeno de las familias reconstituidas es una realidad jurídica emergente y en clara progresión, tras un análisis de las legislaciones de distintos países podemos afirmar que, con carácter general, existe una desprotección legal de este nuevo modelo familiar, aun cuando se trata de un modelo familiar que goza de protección constitucional.

También la Corte europea ha puesto de relieve un concepto amplio de familia, fruto de la interpretación del art. 8 del Convenio Europeo para la Protección de los Derechos Humanos y de las Libertades Fundamentales, firmado en Roma el 4 de noviembre de 1950, bajo el que subyace la relevancia jurídica de la familia no fundada en el matrimonio y la reconstrucción de la disciplina aplicable al fenómeno de las familias reconstituidas. Esto es, se trata de un dinamismo interpretativo que ha determinado una gradual ampliación de la noción de vida familiar que aún no está en línea con la evolución del fenómeno en los sistemas jurídicos

[1] López Sánchez, C. "Las familias reconstituidas. Una realidad en continuo crecimiento", Actualidad Jurídica Iberoamericana n.º 12, 2020, ejemplar dedicado a "El interés superior del menor en la experiencia jurídica latina", págs. 194 a 223.

Debe subrayarse que es en Argentina donde tiene su origen el concepto de "familia reconstituida", en la Ley del Divorcio 23/515, de 3 de junio de 1987, que introdujo por primera vez el término de "familia ensamblada", extrapolándose posteriormente a los países anglosajones con el término *"step family"* o *"blended family"*.

nacionales[2]. El mutismo de la ley no significa *per se* el silencio del Derecho. Debemos superar el modelo de familia basada en la bigenitorialidad.

A la hora de abordar la regulación legal de las familias reconstituidas, las soluciones adoptadas por los ordenamientos jurídicos de los países de nuestro entorno son distintas en atención al grado de adhesión con el que se pretende acoger a la familia inclusiva, esto es, una familia donde los denominados "terceros significativos" se conviertan en terceros jurídicamente relevantes en sus relaciones con la prole. A este respecto, puede atenderse a tres modelos: exclusivo, sustitutivo e inclusivo[3], que vamos a tratar a continuación.

A) En primer lugar, podemos hablar de un modelo "exclusivo" cuando los instrumentos de la guarda y custodia compartida y el principio de la biparentalidad implican la permanencia de las prerrogativas parentales a cargo de los padres biológicos, dejando fuera al "tercer" progenitor o progenitor "social". Es el caso de numerosos países europeos, entre ellos España, Italia y Bélgica.

Así, en el Derecho italiano se utiliza el término "*famiglie ricomposte o allargate*" y el nuevo art. 315 bis del Codice civile (en adelante, CC), introducido por la Ley 219/2012, en su párrafo segundo dice así: "*il figlio ha diritto di crescere in famiglia e di mantenere rapporti significativi con i parenti*". Este precepto legal consagra el principio del derecho del niño a crecer en familia (*crescere in famiglia*) y no "en la familia" y de mantener relaciones significativas con los parientes. Sin embargo, la legislación italiana no concreta tal principio en el caso de las familias recompuestas.

Asimismo, la primera norma que parece sugerir el reconocimiento del tercer progenitor es el art. 252 CC, reformado en 2013, relativo a la custodia del hijo nacido fuera del matrimonio y su integración en la familia del progenitor, que establece lo siguiente:

"*1. Si el hijo nacido fuera del matrimonio de uno de los cónyuges es reconocido durante el matrimonio el juez, valoradas las circunstancias, decide respecto a la custodia del menor y adopta cualquier otra medida para proteger su interés moral y material.*

2. La posible integración del hijo nacido fuera del matrimonio en la familia legítima de uno de los progenitores puede ser autorizado por el juez siempre que no sea contrario al interés del menor y sea adecuado el consentimiento del otro progenitor y de los hijos que hayan cumplido dieciséis años y sean convivientes, así como del otro padre que haya efectuado el reconocimiento. En este caso, el juez establece las condiciones a que cada progenitor debe atenerse.

3. Si el niño es reconocido antes del matrimonio, su integración en la familia está sujeta al consentimiento del otro cónyuge, a menos que el hijo conviviese ya con el padre en el momento del matrimonio o el otro cónyuge supiese de la existencia del niño.

4. También se requiere el consentimiento del otro padre que haya efectuado el reconocimiento.

---

[2] PORCELLI, M. "La famiglia al plurale", Diritto di Famiglia e delle Persone (II), fasc. 3, 2014, pág. 1248.

[3] CORDIANO, A. "Funzioni e ruoli genitoriali nelle famiglie allargate e ricomposte: una comparazione fra modelli normativi e alcune riflessioni evolutive", informe presentado en la Conferencia "Lo statuto della Matrigna. Figli, padri e madri nelle famiglie ricomposte, Osservatorio Nazionale sul diritto di Famiglia-Sezione di Verona, 29 de noviembre de 2011.

5. *En caso de desacuerdo entre los padres, o de falta de consentimiento de los otros hijos convivientes, la decisión se deja al juez teniendo en cuenta los intereses de los menores. Antes de la adopción de la medida, el juez dispondrá la audiencia de los hijos menores que hayan cumplido doce años o de edad inferior si tienen capacidad de discernimiento*".

Finalmente, la relevancia de los lazos afectivos como elementos constitutivos de una relación familiar entre el menor y la pareja del progenitor biológico ha sido reconocida de forma significativa en la Ley de 19 de octubre de 2015, n.º 173, que modifica la Ley de 4 de mayo de 1983, n.º 184, sobre el derecho a la continuidad afectiva de los niños y niñas en acogimiento familiar, en la que se ha regulado la coexistencia de las figuras de los progenitores biológicos con aquellos que, en virtud de períodos de acogimiento temporales, hayan desarrollado una relación significativa con el menor[4].

B) En segundo lugar, existe otro modelo definido como "sustitutivo" porque se caracteriza por el reconocimiento del tercer progenitor, atribuyendo a las funciones que asume y desarrolla *de facto* un sustancial valor jurídico. Se trata de la sustitución del progenitor biológico "ausente" por la del progenitor "social", que, de hecho, ejerce las funciones parentales. Es el caso de Alemania, Suiza, Dinamarca y Países Bajos, en los que se permite, dentro de ciertos límites, que el nuevo cónyuge o pareja del progenitor pueda decidir, con exclusión del otro progenitor, cuestiones de la vida cotidiana del niño.

En el Derecho alemán, se introdujo en el año 2001 una responsabilidad parental limitada del cónyuge del progenitor, que solo opera en el supuesto de que el progenitor ostente la responsabilidad parental exclusiva sobre el niño, lo que no es muy habitual en la práctica. En la actualidad, la única forma de que esta responsabilidad parental fuera plena sería a través de la adopción (§ 1.741 BGB).

En el Derecho suizo, el *Act on The Children and Parents Code*, promulgado el 1 de enero de 1950, modificado por la Ley de 1 de octubre de 1998, Sección 15.ª, alude al interés de la prole menor a mantener relaciones con "terceros significativos".

Además, el art. 299 del Código civil se refiere a los "*beaux-parents*" y les impone la obligación de manutención indirecta de los hijos de su cónyuge o pareja habidos de relaciones anteriores. Este precepto legal dispone que "*cada uno de los cónyuges debe asistir de manera adecuada a su cónyuge en el ejercicio de la patria potestad sobre los hijos del otro y representarlo cuando las circunstancias lo requieran*". Asimismo, el art. 278.2 establece que "*cada uno de los cónyuges está obligado a ayudar a su cónyuge de manera adecuada en el cumplimiento de su obligación de manutención de los hijos nacidos antes del matrimonio*".

C) Y, en tercer y último lugar, podemos hablar de un modelo "reformista", que introduce modificaciones legislativas importantes para otorgar valor jurídico a la relación social, y que prevé formas de intervención activa y jurídicamente reconocida a aquellos sujetos que desarrollan funciones parentales de un valor significativo en la vida de la prole, bajo el presupuesto de una relación afectiva significativa entre el niño y el progenitor social.

[4] Al Mureden, E. "Le famiglie ricomposte tra matrimonio, unione civile e convivenze", Famiglia e diritto n.º 10, 2016, págs. 966 a 979.

Se trata de un modelo "inclusivo", que intenta otorgar responsabilidad parental al tercer progenitor sin que ello suponga excluir o sustituir a alguno de los progenitores biológicos. En este sentido, puede observarse una relación entre la crisis del concepto de potestad y su sustitución por el de la autoridad o responsabilidad parental[5] (la patria potestad española) y los ordenamientos jurídicos que han optado por el reconocimiento de la figura del progenitor social, como Francia, Holanda y Reino Unido.

En la legislación francesa, el concepto de potestad ha sido reformado por la Ley de 4 de marzo de 2002, n. 305, que prevé su ejercicio prescindiendo de su titularidad y de la condición de progenitor, y, posteriormente, por la Ley de 9 de julio de 2010, n.º 769, que dispone un sistema de compartir la responsabilidad parental. Sin renegar del concepto de biparentalidad, el Derecho francés regula expresamente el derecho de la prole a mantener relaciones personales con los propios ascendentes, así como con los *terceros significativos*, aun cuando no sean parientes (art. 371-4), de modo que puede confiarse a estos últimos el cuidado de la prole y pueden realizar actos "ordinarios" relativos a la vigilancia y educación, sin necesidad de instar un procedimiento de tutela y, todavía más relevante, sin afectar a la responsabilidad parental de los padres (art. 373-4).

El art. 377 prevé el instituto de delegación, total o parcial, de las funciones parentales, que se pueden voluntariamente otorgar a un tercero, miembro de la familia o, en todo caso, alguien digno de confianza, cuando se den determinadas circunstancias, en cuyo caso a este tercero se le atribuyen poderes ordinarios de ejercicio de la potestad, si bien para los actos de particular importancia se mantiene la necesidad de obtener el consentimiento de los progenitores, tal y como establece el art. 372-2.

El Derecho holandés también tiene un concepto de autoridad parental que puede ser ejercida por personas distintas a los progenitores, lo que permite regular el deber del cónyuge o pareja del progenitor de contribuir al mantenimiento del hijo no común mientras dure la convivencia. Así, el art. 1.253 del Código Civil holandés, que no solo establece la obligación de alimentos, sino también la posibilidad de que el progenitor y su cónyuge o pareja soliciten al juez el ejercicio conjunto de la autoridad sobre el niño. El citado precepto legal es del tenor literal siguiente:

"1. Si solo uno de los padres tiene autoridad sobre un niño, el Tribunal puede, a petición conjunta de este padre y de una persona que no es el padre del menor, pero que mantiene una estrecha relación personal con dicho menor, confiar a ambos solicitantes la autoridad conjunta.

2. En el caso de que el menor también mantenga una relación familiar legal con su otro progenitor, solo se podrá conceder esta solicitud si: a) el progenitor y la otra persona, cuando presentan su solicitud han cuidado conjuntamente del niño durante un período ininterrumpido de, al menos, un año y b) el progenitor que ha presentado la solicitud ha tenido autoridad exclusiva sobre el menor durante un período ininterrumpido de al menos tres años.

---

[5] Concepto acuñado por el art. 2.7) del Reglamento (CE) n.º 2201/2003, del Consejo, de 27 de noviembre de 2003 (Bruselas II bis).

3. La solicitud se rechaza si, también a la luz de los intereses del otro progenitor, existen motivos fundados para temer que los intereses del niño se vean desatendidos si se concede la solicitud".

En el Reino Unido, el *Children Act* de 1989 ha supuesto una innovación profunda en el sistema de relaciones entre los progenitores y los hijos, desde la misma definición de *child of the family*, que, en relación con el cónyuge o conviviente, se refiere a los hijos de ambos y a cualquier otro hijo. Además, introduce el concepto de "responsabilidad parental", sustituyendo la categoría romanista de potestad. El art. 2 del *Children Act* establece que las prerrogativas de los progenitores, en cuanto a las funciones parentales de cuidado, asistencia y custodia, pueden ser repartidas entre sujetos diversos de los progenitores biológicos. Y el art. 4A ha introducido la figura del "tercer progenitor" como aquel que, casado o conviviente con el progenitor biológico, adquiere funciones parentales conforme a un acuerdo con uno o ambos progenitores biológicos o en virtud de una resolución judicial, que puede atribuir una o más funciones parentales[6]. Por tanto, desde el 30 de diciembre de 2005, la pareja o cónyuge del progenitor biológico puede solicitar la responsabilidad parental respecto de los hijos menores de este último.

Fuera del ámbito europeo, en Estados Unidos se utiliza el término "*binuclear families*" para referirse a un rango más amplio de familias que las simplemente afectadas por un divorcio[7]. En este sentido, la familia binuclear existe como producto del divorcio de los padres, en el que la familia de orientación del niño se transforma de una entidad singular en dos hogares separados, aunque interconectados.

En este país[8], con carácter general, se ha evolucionado hasta el reconocimiento legal del cónyuge o pareja estable del progenitor biológico que haya desarrollado relaciones de tipo parental con los hijos de este último, si bien el reconocimiento de las atribuciones de los padres *de facto* es distinto en cada estado. De este modo, puede establecerse una presunción a favor del padrastro/madrastra para la custodia del menor en los supuestos de fallecimiento del progenitor biológico o de una custodia conjunta en otros casos o, incluso, la obligación de alimentos del menor cuando la duración de la convivencia ha sido superior a los dos años.

En California, por ejemplo, el menor puede tener tres padres legales. Así, el *California Family Code* § 3040.d establece lo siguiente: "*cuando un menor de edad tenga más de dos progenitores, el tribunal asignará la custodia y el régimen de visitas entre los progenitores atendiendo al interés superior del menor, lo que incluye, entre otras cosas, atender a la necesidad de continuidad y estabilidad del menor mediante la preservación de las pautas*

---

[6] Art. 4A: "*(I) Cuando el padre o la madre («padre o madre A») que tiene la responsabilidad parental del menor está casado con (o una pareja civil de) una persona que no es el padre o la madre del menor («el padrastro o la madrastra»)*
[(a)] el progenitor A o, si el otro progenitor del niño también tiene la patria potestad sobre el mismo, ambos progenitores pueden, de acuerdo con el padrastro o la madrastra, disponer que este ejerza la patria potestad sobre el menor; o
[(b)] el tribunal podrá, a petición del padrastro o madrastra, ordenar que este tenga la patria potestad (...)".

[7] Ferraro, A. J. (2016) "Binuclear Families", en *The Wiley Blackwell Encyclopedia of Family Studies*, John Wiley & Sons, Inc.

[8] En este país, actualmente, un tercio de sus ciudadanos forma parte de una familia reconstituida.

establecidas de cuidado y los vínculos emocionales. El tribunal podrá ordenar que no todos los padres compartan la custodia legal o física del menor si considera que ello no atiende al interés superior del menor según lo dispuesto en los artículos 3.011 y 3.020".

En Canadá, la tendencia actual es la atribución de obligaciones de apoyo al cónyuge o pareja estable del progenitor biológico.

En Nueva Zelanda (*Care of Children Act 2004*, s. 47.1.c) y en Australia [*Family Law Act* 1975 (Cth), s 65.Cc], existe la posibilidad de que el padre social pueda obtener alguna forma de responsabilidad parental.

Por último, en la mayoría de los países latinoamericanos se mantiene aún el término tradicional de patria potestad en el sentido de incluir la relación establecida entre padres e hijos biológicos. Tan solo Argentina ha incluido la noción de "responsabilidad parental" en su novedoso Código Civil y Comercial de 2014, definida en el art. 638 como "*el conjunto de deberes y derechos que corresponden a los progenitores sobre la persona y bienes del hijo, para su protección, desarrollo y formación integral mientras sea menor de edad y no se haya emancipado*".

Es interesante subrayar que se ha incluido en el Título VII ("Responsabilidad parental"), del Libro Segundo ("Relaciones de Familia"), el Capítulo 7 bajo la rúbrica "Deberes y Derechos de los progenitores e hijos afines", que consta de los arts. 672 a 676, y se utiliza el término "familia afín" para referirse a la familia reconstituida, permitiendo que el cónyuge o pareja estable del progenitor biológico pueda tomar decisiones relacionadas con la educación y crianza de los hijos de su pareja, realizar los actos cotidianos relativos a su formación en el ámbito doméstico y adoptar decisiones ante situaciones de urgencia. En caso de desacuerdo, prevalece el criterio del progenitor, precisando que esta colaboración no afecta los derechos de los titulares de la responsabilidad parental.

Se permite también la posibilidad de delegación en el progenitor afín cuando el progenitor biológico no estuviera en condiciones de cumplir su función en forma plena por razones de viaje, enfermedad o incapacidad transitoria y existiese imposibilidad del otro progenitor para el desempeño de su función, siendo necesaria la homologación judicial.

Además, se establece el ejercicio conjunto de la responsabilidad parental con el progenitor afín para los supuestos de muerte, ausencia o incapacidad del progenitor biológico, cuyo acuerdo debe ser homologado judicialmente, primando, en caso de conflicto, la opinión del progenitor biológico.

Finalmente, se incluye la obligación subsidiaria de alimentos a cargo del progenitor no biológico siempre y cuando conviva con el menor.

Sin embargo, en el Derecho cubano, los arts. 88, 89, 90 y 91 del Código de Familia atribuyen el cuidado de los menores a los padres biológicos, sin posibilidad de incluir a otros miembros de la familia, ya sean consanguíneos o afines.

En Perú, podemos destacar la Sentencia del Tribunal Constitucional de Perú de 30 de junio de 2007, la cual reconoce que el hijo y el padre afín integran una estructura familiar, con eventuales derechos y deberes especiales, sin que ello suponga la pérdida de la patria potestad de los padres biológicos. Y la Sentencia T-606 de 2013 de la Corte Constitucional de Colombia reconoce la existencia de núcleos y relaciones familiares en donde las personas están unidas, única y exclusivamente, por situaciones *de facto*, caracterizadas y conformadas a partir de la convivencia y en virtud de los lazos de afecto, solidaridad, respeto, protección y asistencia, y en las cuales puede identificarse como padres de crianza a los cuidadores que ejercen la autoridad parental.

Bibliografía

Al Mureden, E. "Le famiglie ricomposte tra matrimonio, unione civile e convivenze", Famiglia e diritto n.º 10, 2016, págs. 966 a 979.

Busnelli, F. D., y Vitucci, M. C. "Frantumi europei di famiglia", Rivista di diritto civile, vol. 59, n.º 4, 2013, págs. 767 a 787.

Cordiano, A. "Funzioni e ruoli genitoriali nelle famiglie allargate e ricomposte: una comparazione fra modelli normativi e alcune riflessioni evolutive", informe presentado en la Conferencia "Lo statuto della Matrigna. Figli, padri e madri nelle famiglie ricomposte, Osservatorio Nazionale sul diritto di Famiglia-Sezione di Verona, 29 noviembre 2011.

Esborraz, D. F. "El concepto constitucional de familia en América Latina. Tendencias y proyecciones", Revista de Derecho Privado n.º 29, julio-diciembre 2015, Universidad Externado de Colombia, págs. 15 a 55.

Ferraro, A. J. (2016) "Binuclear Families", en *The Wiley Blackwell Encyclopedia of Family Studies*, John Wiley & Sons, Inc.

Ferrer-Riba, J. "Familias y pluriparentalidad en derecho español", Revista de Derecho de Familia n.º 85, 2018, págs. 163 a 177.

Lamas Bertrán, G., y Ramírez Thomas, G. "La familia ensamblada: una nueva concepción familiar", Anales de la Facultad de Ciencias Jurídicas y Sociales de la Universidad Nacional de La Plata, vol. 15, n.º 48, 2018, págs. 230 a 244.

Lázaro Palau, C. M. "Reflexiones sobre la situación jurídica del tercero en las familias reconstituidas", Actualidad Civil n.º 6, 2016, págs. 12 a 21.

López Sánchez, C. "Las familias reconstituidas. Una realidad en continuo crecimiento", Actualidad Jurídica Iberoamericana n.º 12, 2020, ejemplar dedicado a "El interés superior del menor en la experiencia jurídica latina", págs. 194 a 223.

Porcelli, M. "La famiglia al plurale", Diritto di Famiglia e delle Persone (II), fasc. 3, 2014, pág. 1248.

Putti, P. M. "Nuovi modelli di relazioni familiari tra prospettive di aperture ed esigenze di confronto", Diritto famiglia, fasc. 2, 2009, pág. 826.

Sesta, M. "Famiglia e figli in Europa: i nuovi paradigmi", Famiglia e Diritto n.º 11, 2019, págs. 1049 a 1054.

Sodermans, K.; Vanassche, S., y Matthijs, K. "Post-divorce custody arrangements and binuclear family structures of Flemish adolescents", Demographic Research, vol. 28, article 15, 2013, págs. 421 a 432.

La familia reconstituida en el Código Civil y en las legislaciones autonómicas

José Antonio García González

Abogado. Vocal de la Junta de la Societat Catalana d'Advocats de Família

I. La presencia del nuevo cónyuge o de la nueva pareja de un progenitor en relación con el menor

1. El papel familiar de la nueva pareja respecto del hijo menor durante la convivencia

En los arts. 154 y 156 del Código Civil (CC) no se establece posibilidad alguna de intervención por parte de la nueva pareja de uno de los progenitores: ni se le atribuyen funciones jurídicas propias de la relación paternofilial alguna ni resulta posible delegar ni compartir el ejercicio de la patria potestad sobre el hijo menor con este tercero ni durante la convivencia ni al cese de esta, la pareja del progenitor no sería jurídicamente más que un guardador de hecho (arts. 303 y ss. CC) sometido al régimen de esta institución, una regulación, por otra parte, incompleta y muchas veces ineficaz.

De hecho, el Código Civil mantiene silencio respecto a la figura de la nueva pareja del progenitor del hijo menor; la única disposición que alude expresamente a esta es el art. 1.362.1 CC, en el que se afirma que los gastos que se originen por la alimentación y la educación de los hijos de uno solo de los cónyuges cuando convivan en el hogar familiar correrá a cargo de la sociedad de gananciales.

Por otra parte, el art. 108 CC afirma que la filiación puede determinarse legalmente: a) por naturaleza (determinación en la que realidad jurídica y verdad biológica pueden coincidir o no) o b) por adopción (en cuya determinación se prescinde enteramente de la verdad biológica).

La filiación, por tanto, es la única forma de alcanzar el rol de "progenitor" a los efectos del art. 154 CC que regula la patria potestad; siendo esto así, y a falta de parentesco derivado de la verdad biológica, los dos únicos caminos para introducir al cónyuge o pareja de un progenitor en la titularidad y ejercicio de la patria potestad de forma plena serían bien la determinación legal de tal filiación por reconocimiento de complacencia, bien por adopción.

Que el Código Civil no atribuya funciones jurídicas propias de la relación paternofilial a la pareja del progenitor no quiere decir que, en muchas familias reconstituidas, en la realidad, esta persona no asuma *de facto* tareas de cuidado y educación; pero de lo que no cabe duda es que siempre lo será desde la voluntariedad de las partes y partiendo de su adecuado ejercicio.

Una manifestación la encontramos en la STS, Sala Segunda, 666/2015, de 8 de noviembre (rec. 743/2015) (ROJ: STS 4577/2015; ECLI:ES:TS:2015:4577), donde se estima el recurso de casación interpuesto contra la Sentencia dictada por la Sección 2.ª de la Audiencia Provincial de Barcelona el 3 de febrero de 2015, en la que se absolvía del delito de maltrato familiar (art. 153 en relación con el art. 173.2 CP), por el que el padrastro fue acusado por propinar una bofetada a la hija menor de edad de su cónyuge (13 años), sin llegar a causarle lesión, tras una discusión por haberse marchado de la vivienda durante tres días sin su consentimiento ni el de su madre. A juicio de la Sala, aunque partiendo de que el hombre mantenía con la chica una relación afectiva similar a la paternal, participando de manera activa en la educación de la menor como si de su padre se tratara, el acusado no podía amparar su conducta en el derecho de corrección, al no encontrarse en el ejercicio de la patria potestad, que le correspondía a su esposa.

Por su parte, el art. 85 del Código Civil Foral de Aragón (en adelante, CDFA) regula la autoridad familiar del padrastro o de la madrastra que se produce si se cumplen determinadas condiciones: debe tratarse del **cónyuge del progenitor**, no siendo suficiente ser pareja o conviviente; que el cónyuge-progenitor sea el único titular de la potestad, lo que presupone que el otro progenitor no lo sea (bien por haber fallecido, bien por haber sido privado de su titularidad); y se exige la convivencia efectiva entre el menor, el progenitor y su nuevo cónyuge. Su aplicación **supone compartir el ejercicio de la potestad**, que no la titularidad.

Más adelante, en el art. 88 CDFA, da contenido al régimen de la autoridad familiar, afirmando que se asume de forma automática al hacerse cargo voluntariamente de la crianza y educación del menor y que, en la medida necesaria al cumplimiento del oficio de criar y educar al menor, comprende, en el ámbito personal, los mismos derechos y obligaciones que los de los padres, y no se extiende a la gestión de los bienes del menor, admitiendo la posibilidad de que pueda hacer constar en el Registro Civil.

En Cataluña, la Ley 25/2010, de 29 de julio, del Libro Segundo del Código Civil de Cataluña (en adelante, CCCat) indica en su Preámbulo que una de las novedades de este texto es que se reconocen otras formas de familia, como la pareja estable y la formada por un progenitor solo y sus descendientes, y también se reconoce el carácter familiar de los núcleos en los que conviven hijos no comunes —como es aquí el caso—, sin perjuicio de los vínculos de estos con el otro progenitor.

Así lo establece expresamente el art. 231.1-2 CCCat, indicando que se reconoce como miembros de la familia, con los efectos que legalmente se determinen, a los hijos de cada uno de los progenitores que convivan en el mismo núcleo familiar, como consecuencia de la formación de familias reconstituidas, sin que este reconocimiento altere los vínculos con el otro progenitor.

El art. 236-14 CCCat contiene previsiones respecto a facultades del cónyuge o conviviente en pareja estable del progenitor que tiene la guarda, y le reconoce la **facultad para tomar decisiones en la vida diaria de los menores, sin que ello implique la intervención en el ejercicio de la patria potestad** de los progenitores ni el ejercicio de la guarda, sino tan solo facilitar la vida cotidiana de los hijos, lo que tiene su lógica, sobre todo, cuando haya hijos en común de la nueva pareja, ya que repercute en el bienestar de toda la familia.

Este precepto está pensado para familias reconstituidas en que uno o ambos miembros de la pareja aportan hijos menores al grupo familiar con los que el otro miembro convive en los períodos en que su progenitor tiene atribuida la guarda, y otorga el derecho a participar en la toma de decisiones, pero: a) No presupone que el otro progenitor haya muerto o haya sido privado de su titularidad previamente, al contrario, el otro progenitor podrá seguir en el ejercicio y en la titularidad; no supone compartir el ejercicio, sino un derecho a participar en la toma de decisiones; b) no otorga la potestad parental a la pareja, y c) su decisión solo es prioritaria en caso de riesgo inminente para el menor, de lo que informará sin demora su cónyuge o conviviente.

Por lo que hace referencia a este artículo, caben destacar las siguientes resoluciones:

– Se comprende que los tribunales censuren que uno de los progenitores pretenda fomentar en el hijo menor la "sustitución" de la figura del progenitor biológico –sobre el que no existe causa objetiva por la que no deba continuar ejerciendo sus facultades parentales– por la de su nueva pareja. Así la SAP Barcelona, Sección 18.ª, 272/2008, de 17 de abril (rec. 837/2007) (ROJ: SAP B 1590/2008; ECLI:ES:APB:2008:1590): la Sala recuerda que es función del progenitor custodio conseguir, fomentar y potenciar la relación de los hijos con el otro progenitor para lograr un adecuado desarrollo psicológico de su personalidad, conocer e interiorizar las figuras que corresponden a sus padres biológicos, las cuales no deben ser nunca sustituidas por las de las nuevas parejas sentimentales de uno u otro, si bien actúan correctamente y muestren afecto hacia ella.

– La SAP Lleida, Sección 2.ª, 374/2016, de 29 de julio (rec. 396/2015) (ROJ: SAP L 765/2016; ECLI:ES:APL:2016:765), pone de manifiesto cómo un procedimiento de divorcio no se puede aducir como argumento el hijo anterior al matrimonio como motivo para la reclamación de una prestación compensatoria (art. 233-15-bis CCCat) y como interés más necesitado de protección para la atribución del uso de la vivienda.

– La SAP Barcelona, Sección 12.ª, 612/2016, de 28 de julio (rec. 36/2015) (ROJ: SAP B 13515/2016; ECLI:ES:APB:2016:13515), no admite el cambio de guarda compartida a individual por el hecho de que un excónyuge pase a convivir con un tercero y este intervenga y colabore en la educación del menor (sería criticable que se inmiscuyera o se metiera).

Añadiendo que, en estos casos, si se considerara que las decisiones tomadas no son adecuadas a los intereses de los hijos, se puede acudir a la autoridad judicial conforme al art. 236-13 CCCat por la vía de la Ley de la Jurisdicción Voluntaria, y en casos extremos de que uno u otro progenitor considere que su pareja infringe malos tratos psicológicos y/o físicos a los hijos comunes, tiene a su disposición la jurisdicción penal.

– La SAP Tarragona, Sección 1.ª, 331/2016, de 5 de julio (rec. 148/2016) (ROJ: SAP T 1104/2016; ECLI:ES:APT:2016:1104), declara que no se puede pretender anular la figura de la nueva pareja en la vida del hijo ni de impedir toda intervención, ya que, sobre la base del CCCat no tiene soporte legal, y menos aún de sentido lógico y práctico, de forma que no admite el cambio de guardia.

– La SAP Tarragona, Sección 1.ª, 18/2015, de 22 de enero (rec. 390/2014) (ROJ: SAP T 70/2015; ECLI:ES:APT:2015:70), trata del inicio de un expediente preadoptivo donde el padre biológico se opone. La resolución mantiene la acogida preadoptiva, entre otros motivos, por la falta de compromiso demostrado en relación con el resto de los hijos de la madre, nacidos de otra relación, sobre los que no ha demostrado ningún tipo de empuje.

– La SAP Tarragona, Sección 1.ª, 99/2014, de 30 de mayo (rec. 28/2014) (SP/SENT/775752), afirma que, si bien el art. 231-1 CCCat reconoce como miembros de la familia al hijo del otro que conviva en el núcleo familiar, ello no le atribuye al no progenitor el derecho a participar en la potestad parental ni altera los vínculos del menor con el otro progenitor.

2. Establecimiento de un régimen de relaciones a favor del conviviente de la familia reconstituida tras la extinción de la relación

El art. 160.2 CC establece que "*No podrán impedirse sin justa causa las relaciones personales del hijo con sus hermanos, abuelos y otros parientes y* ***allegados***", que es una plasmación de lo reiterado en la doctrina jurisprudencial (SSTS de 23 de noviembre de 1999, de 11 de junio de 1998, de 11 de junio y 17 de septiembre de 1996 y de 7 de abril de 1994), donde se reconocía de forma clara aquel derecho, siempre que las relaciones revistiesen un carácter de normalidad, o sea, no respondan a patologías o ejemplos corruptores; doctrina que, por un lado, determina el fundamento de aquel derecho –el beneficio del menor– y por el otro, precisa los motivos en los que de modo restrictivo puede sustentarse el impedimento a aquella relación "*no respondan a patologías o ejemplos corruptores*".

Como afirma Carreras Maraña, la expresión "allegado" es un tanto redundante si se identifica con pariente, pero la distinción entre ambos conceptos supone que pueden incluirse personas que no tienen un grado de parentesco de cierta cercanía, bastando con que se trate de personas cercanas próximas con cierto grado de vínculo afectivo con el menor, y dentro de esta última categoría se integra la pareja del progenitor del menor que podría reclamar el establecimiento de un régimen de relaciones tras la ruptura de esta nueva unidad familiar.

Sobre esta cuestión, la STS 320/2011, de 12 de mayo (rec. 1334/2008) (SP/SENT/630210), consideró necesario conceder el derecho a relacionarse con el menor a la excompañera sentimental de su madre, a la que se extiende la aplicación del término "persona cercana": "*Hay un derecho para el menor a relacionarse con la expareja de su madre, dentro del concepto de allegados del art. 160.2 CC, ya que ni estaban casadas ni se reconoció su filiación materna a favor (...)*".

En la resolución declara que la intensidad y los períodos de relación son cuestiones que deben ser decididas por el juez, quien debe tener en cuenta y valorar: a) La situación personal del menor y de la persona con la que desea relacionarse; b) las conclusiones a que se haya llegado en los diferentes informes psicológicos que se hayan solicitado; c) la intensidad de las relaciones anteriores; d) la no invasión de las relaciones del menor con el titular de la patria potestad y ejerciente de la guarda y custodia y, e) en general, todas aquellas que sean convenientes para el menor.

La doctrina de las Audiencias Provinciales se ha pronunciado sobre esta materia en las siguientes resoluciones:

– SAP Alicante, Elche, Sección 9.ª, 450/2018, de 8 de octubre (rec. 157/2018) (SP/SENT/981127), en la que la Sala confirma el establecimiento de un régimen de visitas en favor de la conviviente con la madre adoptiva del menor (convivencia durante siete años), dada su condición de allegada, bien que no tan amplio como en la instancia, pues no guarda vínculo biológico ni adoptivo.

– En la SAP Málaga, Melilla, Sección 7.ª, 71/2016, de 29 de diciembre (rec. 81/2016) (SP/SENT/886751), no se considera al actor como allegado ni se fijan visitas a su favor, dado que solo convivió con la madre adoptiva y con la menor 11 meses hasta que se produjo la ruptura, no considerando la niña al mismo como figura paterna.

– La SAP A Coruña, Sección 3.ª, 10/2016, de 15 de enero (rec. 280/2015) (SP/SENT/849015), es un ejemplo de la extensión jurídica que se puede dar al término allegado que excede al de pareja, en el que se otorga un régimen de relaciones a unos guardadores de hecho de un menor al que los progenitores entregaron a su hijo para su cuidado.

– SAP A Coruña, Sección 5.ª, 418/2015, de 13 de noviembre (rec. 137/2015) (SP/SENT/836527): en una sentencia de divorcio se reconoce al padre como allegado un régimen de visitas con la hija de la esposa de la otra pareja, coincidiendo un día a la semana con el tiempo que pasa con su propio hijo (que es medio hermano), y respetando las visitas del padre de la menor, poniendo de manifiesto que las relaciones personales del menor con los allegados, en principio, no pueden tener ni mucho menos la misma intensidad, frecuencia y tiempo que aquellos regímenes a los que deben quedar siempre supeditados, en interés del menor, desde un punto de vista material o logístico.

– La SAP Las Palmas, Sección 3.ª, 381/2015, de 1 de julio (rec. 239/2015) (SP/SENT/844002), afirma que la falta de filiación biológica declarada judicialmente y el cese de la convivencia con la madre teniendo la menor solo dos años (la relación fue desde su nacimiento hasta los dos años y se interrumpió seguidamente) justifican la supresión del régimen de visitas que no puede mantener el actor como allegado, al no ostentar esta condición.

– En la SAP Valladolid, Sección 1.ª, 228/2013, de 12 de julio (rec. 101/2013) (SP/SENT/727860), se reconoce a la pareja de la madre que ha convivido con el menor desde su nacimiento y ha representado su única figura materna un derecho de visitas como persona allegada.

– El AAP Madrid, Sección 22.ª, 278/2012, de 11 de septiembre (rec. 1131/2012) (SP/AUTRJ/693391), al tratar de la legitimación de la acción, afirma que concurre la condición de allegada en la demandante, dada su pasada convivencia habitual con la menor respecto de la que se reclama el régimen de visitas, en una relación calificada por la demanda como maternofilial.

Se confirma tanto la legitimación de la actora para solicitar el régimen de visitas como la competencia del órgano *a quo* para resolverla; y la SAP Madrid, Sección 22.ª, 505/2010, de 5 de julio (rec. 1218/2009) (SP/SENT/520023), reconoce a la pareja del padre adoptivo del menor el derecho a las visitas, dado el clima de afecto y confianza habido entre ambos, siendo imputables al padre las eventuales tensiones que pudieran surgir entre el hijo y su pareja.

– La SAP Málaga, Sección 6.ª, 44/2012, de 26 de enero (rec. 1119/2010), concede un régimen de relaciones con una menor que, contando con dos años y medio, comenzó a convivir de manera plena y familiar con el nuevo esposo de su madre durante tres años, en el curso de los cuales nace una hija de la pareja, y con estos hechos no puede negarse la condición de allegado del menor a este hombre para el establecimiento de un régimen de visitas.

– La SAP Barcelona, Sección 18.ª, 487/2011, de 22 de julio (rec. 1143/2010) (SP/SENT/644366), afirma que es correcto seguir los trámites del juicio verbal con las especialidades de los procesos de familia para decidir sobre las relaciones entre menores y allegados.

– La SAP Baleares, Sección 4.ª, 254/2009, de 10 de julio (rec. 205/2009) (SP/SENT/478613), establece la conveniencia de fijar un régimen de visitas a favor de la actora como "allegada" de la hija de la demandada, derivada de haber vivido la menor con las dos mujeres como madres, existiendo un vínculo afectivo hacia la demandante.

En Cataluña, el Libro Segundo del CCCat contempla la posibilidad de que los menores, en caso de ruptura de la familia reconstituida, tengan el derecho a relacionarse con las "*otras personas próximas*" (art. 236-4.2 CCCat), pero, además, da un paso más allá y admite expresamente la posibilidad que se otorgue la guarda de forma excepcional a "*personas próximas*" (arts. 233-10.4 y 233-1.1.a CCCat) y permite también que, en caso de muerte del progenitor, a quien era su cónyuge o pareja, solicitar la guarda del menor, siempre que el interés del hijo lo requiera, incluso, si se trata de la muerte del progenitor que no tuviera la guarda, se podrá solicitar un régimen de relación con el hijo siempre que haya convivido con él al menos dos años (art. 236-15.2 CCCat).

Las resoluciones judiciales que se han dictado en relación con el art. 236-4.2 CCCat afirman lo siguiente:

– En un supuesto en el que el reclamante perdió la paternidad al ser impugnada y declarada la no filiación, la SAP Lleida, Sección 2.ª, 119/2017, de 8 de marzo (rec. 548/2016) (ROJ: SAP L 218/2017; ECLI:ES:APL:2017:218), la Sala pone de manifiesto que este tipo de reclamación se puede hacer también en un procedimiento de modificación de medidas.

Destaca en esta resolución la extensión y alcance que da al art. 236-4 CCCat contra la manifestación dada por la recurrente-madre biológica, que se limita a alegar que el hipotético derecho de visitas de la persona cercana es menos amplio que el derecho a relacionarse con los hijos menores que se le reconocía en la sentencia de divorcio, constante la filiación del menor, que para este último implica no solo visita, sino comunicación, afecto o estancias de mayor o menor entidad en el tiempo.

Manifiesta que esta afirmación puede tener favorable acogida. En primer lugar, porque la recurrente no ha propuesto a lo largo de todo el procedimiento ninguna alternativa. Su única petición ha sido la de suspender por completo la relación, y así sigue solicitándolo en esta altura; es interesante que se revoque la resolución recurrida y se mantenga únicamente la atribución al padre de la guarda y custodia durante la minoría de edad de la misma; y en segundo lugar, porque el determinante deben ser las concretas circunstancias concurrentes en cada caso, sin que pueda afirmarse que la relación con una persona cercana debe ser en todo caso más limitada, ya que lo procedente es adoptar en cada supuesto las medidas necesarias y que resultan más beneficiosas para proteger adecuadamente el interés del menor (arts. 233-8.3 y 236-3 CCCat).

– La SAP Barcelona, Sección 18.ª, 857/2016, de 9 de noviembre (rec. 1250/2015) (ROJ: SAP B 12354/2016; ECLI:ES:APB:2016:12354), trata de una pareja de hecho en la que uno de los convivientes de forma individual hizo la tramitación de una adopción de una chica en Rusia y, una vez consumada la adopción, se rompe la pareja y el exconviviente reclama un régimen de relaciones con la adoptada.

La resolución concluye que el conviviente no es merecedor de un régimen de relaciones como consecuencia de la desafección en relación con la menor desde el mismo momento de su adopción; prueba del desinterés es:

a) Que la declaración de idoneidad para la adopción se tramitó sin intervención ni referencia a la existencia del reclamante, lo que pone de manifiesto un alejamiento o desinterés sobre la tramitación y la culminación del proceso. Un hombre que anhela ser padre adoptivo, y que defiende ser persona cercana de la menor (en el sentido del art. 236-4 CCCat), no se limita a tolerar que la madre, durante la baja maternal (de septiembre de 2011 a febrero de 2012) atienda a la criatura con el apoyo de los abuelos maternos y familiares (en una etapa tan crucial como era la adaptación de la niña a su nuevo entorno), sino que se implica con más intensidad, de tal manera que los contactos con la niña se hicieron esporádicos.

b) De febrero a mayo o junio de 2012, durante la crisis final de la pareja, la menor no fue cuidada por el padre, sino fundamentalmente por la madre, primero con ayuda de la empleada de hogar y después dejando a la niña en la guardería. A pesar de la inicial asignación de rol paterno (con un incipiente reconocimiento de la niña), los vínculos no se consolidaron con este carácter. La menor mantuvo ocasional relación con el actor durante la corta e intermitente convivencia y lo identifica (según informe psicológico) como "*el novio de la madre*".

c) La menor no tuvo conciencia suficiente de la presencia y rol del conviviente en la casa y en su vida de septiembre de 2011 a mayo o junio de 2012 ni generó vínculos de afectividad. Después solo hubo dos contactos, uno de cuatro horas en verano y otro en septiembre de 2012 en un parque.

d) Intentó una conciliación, pero luego no es hasta junio de 2014 que no presenta la demanda (cuando podía haber reivindicado antes una relación como "persona cercana").

e) En definitiva, el solicitante no forma parte del universo emocional de la niña y no se le puede considerar persona cercana, sobre todo desde la perspectiva de la niña, que es la que aquí interesa.

Y en relación con el art. 233-10 CCCat, la SAP Barcelona, Sección 18.ª, 252/2016, de 7 de febrero de 2014 (rec. 427/2015) (ROJ: SAP B 3433/2016; ECLI:ES:APB:2016:3433), afirma que en dicho precepto se definen los supuestos excepcionales en los que se debe atribuir la guarda a un tercero, y dice que la excepcionalidad la reserva la ley para aquellos supuestos en los que concurren circunstancias que ponen de manifiesto que quien debería tener conferida de forma natural la guarda del menor resulta que, o no la ha ejercido nunca o casi nunca, o no tiene aptitudes o habilidades suficientes para un ejercicio funcional de las funciones inherentes a la guarda, o bien la ha ejercido, pero lo ha hecho de forma inadecuada o en perjuicio del menor colocando incluso en una situación de riesgo.

Las resoluciones judiciales dictadas en relación con el art. 236-15 CCCat afirman que:

– La SAP Barcelona, Sección 12.ª, 11/2015, de 8 de enero (rec. 248/2014) (ROJ: SAP B 170/2015; ECLI:ES:APB:2015:170), pone de manifiesto que el menor puede quedar bajo la guarda de la pareja de su difunta madre según el art. 236-15.2 CCCat, pero se ha de acreditar la residencia; en este caso, la convivencia fue menor a dos años (sin acta de constitución de la pareja, de forma que no es aplicable el precepto) ni se hizo previsión testamentaria por la madre (de forma que no se puede prever cuál era su voluntad).

La resolución añade que, además, no hay prueba de que el padre no es idóneo para ejercer sus funciones parentales, siendo perjudicial para el menor mantener la convivencia con la pareja de la madre, que le está sometiendo a un secuestro emocional.

Declara que, cuando el hijo esté reintegrado al domicilio paterno, se podrá establecer un régimen de visitas con sus abuelos y la pareja de la madre, una vez que se acredite por el equipo psicosocial que ha desaparecido el secuestro psicológico del menor.

A efectos del procedimiento, añade que la solicitud de emancipación formulada por el menor, al cumplir los 17 años, en ningún caso implica un supuesto de prejudicialidad civil, por lo que debe mantener la guarda paterna mientras no haya resolución definitiva emancipadora.

– El AAP Barcelona, Sección 18.ª, 406/2016, de 20 de diciembre (rec. 795/2016) (ROJ: AAP B 4172/2016; ECLI:ES:APB:2016:4172), declara la suspensión de la potestad parental sobre un menor y constituye la guarda del menor a favor de la pareja de la madre, que murió. Declara que el menor se relacionará con el padre cuando quiera, establece una pensión de alimentos a cargo del padre y la atribución del uso de la vivienda, que en su momento fue atribuido a la madre.

– Si bien trata del otorgamiento de la guarda de una hermana menor a una hermana mayor, privando de la potestad a la madre biológica, resulta de interés la SAP Barcelona, Sección 18.ª, 252/2016, de 5 de abril (rec. 427/2015) (ROJ: SAP B 3433/2016; ECLI:ES:APB:2016:3433), donde se desarrolla el concepto de excepcionalidad de atribuir la potestad a terceros y, en particular, al guardador de hecho; según la resolución, esta excepcionalidad la reserva la ley para aquellos supuestos en los que concurren circunstancias que ponen de manifiesto que quien debería tener conferida de forma natural la guarda del menor resulta que, o no la ha ejercido nunca o casi nunca o no tiene aptitudes o habilidades suficientes para un ejercicio funcional de las funciones inherentes a la guarda, o bien la ha ejercido pero lo ha hecho de forma inadecuada o en perjuicio del menor, colocándolo incluso en una situación de riesgo.

Y, para finalizar, cabe reseñar que, en la legislación civil de Navarra, el art. 44.1 de la Ley Foral 15/2005, de 5 de diciembre, de Promoción, Atención y Protección a la Infancia y a la Adolescencia, establece los derechos a convivir y relacionarse con otros parientes y allegados, en la forma establecida en el art. 160 CC, lo que implica una remisión a lo manifestado en relación con dicho precepto.

La Ley 69.6 de la Compilación del Derecho Civil Foral de Navarra (de ahora en adelante, CDFN) admite la posibilidad de incluir en el pacto de parentalidad el modo en que los menores se relacionarán con allegados cuando ello se considere necesario para respetar su interés, y siempre que conste el consentimiento de las personas con las que se establezcan las relaciones.

Y la Ley 71 CDFN establece que, excepcionalmente, el juez podrá establecer que la guarda y cuidado de los menores sea atribuida a allegados, y que en la resolución en la que se acuerden las medidas sobre la responsabilidad parental como consecuencia de la ruptura, el juez podrá, a petición de cualquiera de los progenitores o del ministerio fiscal, establecer el sistema de comunicación, visitas y contactos de los menores con allegados.

II. Efectos de la familia reconstituida en relación con cuestiones derivadas de la ruptura

1. En relación con los hijos

A) La presencia de la nueva pareja y de su familia en la vida del menor

a) A efectos del establecimiento de la guarda y custodia, la presencia de la nueva pareja del progenitor que podría colaborar en el cuidado del menor se valora de diferente manera en función de la intensidad de esta, de forma que la doctrina judicial ha puesto de manifiesto que la nueva figura debería servir de apoyo puntual en el cuidado, pero nunca se debe delegar absolutamente en ella el cuidado del menor.

– La SAP Barcelona, Sección 12.ª, 662/2020, de 10 de noviembre (rec. 1137/2019) (ROJ: SAP B 11272/2020; ECLI:ES:APB:2020:11272), indica que el hecho de que progenitor pueda valerse de la ayuda de su nueva pareja para atender las necesidades de la hija menor debe ser valorado como una contribución de la familia extensa (en este caso, familia reconstituida), como puede ser la contribución que también realicen abuelos u otros familiares.

– La SAP Barcelona, Sección 12.ª, 395/2016, de 26 de mayo (rec. 105/2015) (ROJ: SAP B 4644/2016; ECLI:ES:APB:2016:4644), expone que la custodia compartida establecida fue acertada, añadiendo que no se debe confundir el ejercicio de la guarda compartida con la presencia personalísima permanente de cada progenitor, siendo lógico servirse de familiares, de nuevas parejas y de personas del entorno para compatibilizar el trabajo con la dedicación a la familia.

– La SAP Lleida, Sección 2.ª, 7/2014, de 7 de enero (rec. 601/2013) (ROJ: SAP L 50/2014; ECLI:ES:APL:2014:50), trata del intento de modificar una guarda compartida a individual, donde el marido es un militar que trabaja en Calatayud y la madre en Tremp; el padre se opone, ya que su trabajo no le impide llegar a Tremp (donde vive también) hacia las 18:45 horas (los viernes antes, hacia las 14 horas), dado que se desplaza de Tremp a Lleida en coche y, después, de Lleida hasta su destino en AVE. Niega también que su situación laboral repercuta negativamente en los menores, que se encuentran bien con la nueva familia con la que convive desde hace ya cuatro años.

La resolución declara el mantenimiento de la guarda compartida en la medida en que la presencia de esta nueva pareja es un complemento adecuado para el mantenimiento de la guardia en aquellos momentos donde no llegue la estancia del padre.

– La custodia compartida que pide el padre está basada en una delegación intensa del cuidado de los menores por su actual pareja o por la familia extensa, ya que, debido a la exigencia de su intensa actividad profesional, no puede atender personalmente al menor. Con estas condiciones procede mantener la custodia materna. SAP Barcelona 361/2017, de 25 de abril (rec. 818/2016).

– La SAP Ciudad Real, Sección 1.ª, 365/2020, de 4 de junio (rec. 453/2019) (SP/SENT/1062642), otorga al padre la custodia de la menor, pues la viene ostentando desde las medidas provisionales, dado que es con quien permaneció desde la ruptura, habida cuenta de que existió incidente con la nueva pareja de la madre.

b) Además de valorar su presencia como elemento de apoyo en el cuidado, también hay que ponderar judicialmente el tipo de relación actual existente en el momento de la decisión judicial entre el hijo menor y la nueva pareja de un progenitor; de hecho, hay numerosos ejemplos de cómo son valoradas judicialmente, generalmente como elemento coadyuvante a la hora de establecer el régimen de custodia o de visita más adecuado dentro del proceso matrimonial de sus progenitores.

– En sentido positivo, las buenas relaciones —o más bien, a veces, la ausencia de acreditación de malas relaciones o la irrelevancia de las mismas— entre el menor y la nueva pareja del progenitor (y sus hijos) es un elemento coadyuvante que se tiene en cuenta por los jueces y tribunales a la hora de decidir el establecimiento o la modificación del modelo de custodia: la SAP Tarragona, Sección 1.ª, 51/2017, de 9 de febrero (rec. 610/2016) (ROJ: SAP T 78/2017; ECLI:ES:APT:2017:78), establece la custodia compartida, exponiendo que el hecho de que el padre tenga un nuevo núcleo familiar no es impedimento para las relaciones paternofiliales, pues, además de que supone estabilidad, la relación de los menores con los hijos de la nueva pareja es muy buena.

– En la SAP Tarragona, Sección 1.ª, 237/2016, de 19 de mayo (rec. 776/2015) (ROJ: SAP T 775/2016; ECLI:ES:APT:2016:775), se modifica la custodia estableciéndola compartida, sirviendo como elemento coadyuvante a tal decisión que tienen padre e hija una buena relación y comparten aficiones, también con la nueva pareja del progenitor.

– La SAP Tarragona, Sección 1.ª, 85/2014, de 29 de octubre de 2013 (rec. 820/2012) (ROJ: SAP T 271/2014; ECLI:ES:APT:2014:271), considera más adecuada la guarda materna de las dos hijas juntas que la paterna de la hija mayor, que supone la inserción de la hija en una familia reconstituida numerosa de la que se desconocen las condiciones de convivencia.

– La SAP Lleida, Sección 2.ª, 411/2013, de 29 de octubre (rec. 733/2012) (ROJ: SAP L 766/2013; ECLI:ES:APL:2013:766), mantiene la guarda materna en la medida en que resulta evidente que hay una mayor vinculación afectiva con esta, que es quien principalmente se ha encargado de la menor desde que nació, así como con el entorno materno, entendiendo por tal los abuelos y, principalmente, el nuevo núcleo familiar constituido a partir de 2009 (familia reconstituida con su actual marido).

– En sentido negativo, la SAP Madrid, Sección 22.ª, 940/2019, de 11 de noviembre (rec. 1412/2018) (SP/SENT/1036526), indica que procede el cambio de custodia del hijo próximo a la mayoría de edad que voluntariamente se fue a vivir con su padre hace ya tiempo por mala relación con la nueva pareja de su madre; y en la SAP Girona, Sección 2.ª, 447/2018, de 26 de noviembre (rec. 693/2018) (SP/SENT/987059), se nombra un coordinador de parentalidad para regular las pernoctas del menor con el padre, pues además de las malas relaciones de los progenitores, el padre también tiene una situación conflictiva con su nueva pareja.

– El simple dato objetivo relativo a la convivencia entre dos personas del mismo sexo no puede ser causa que justifique la revisión de la custodia de los hijos, ya que fácil es colegir que esta circunstancia personal y familiar, sobre convivencia entre personas del mismo sexo, interviniendo o no matrimonio, de ninguna manera se entiende que afecta negativamente, *a priori*, a la prole, en mayor o menor medida que la situación referida al grupo familiar cuando la convivencia lo es entre personas de diferente sexo [AAP Madrid, Sección 22.ª, 394/2011, de 24 de mayo (rec. 1316/2010) (ROJ: SAP M 7342/2011; ECLI:ES:APM:2011:7342)].

c) Por último, y por lo que hace referencia a la presencia de hijos de la nueva pareja, que a su vez está divorciada y sobre los que tiene establecido por el juzgado un régimen de relaciones, la SAP Barcelona, Sección 18.ª, 711/2020, de 30 de octubre (rec. 260/2020) (ROJ: SAP B 11272/2020; ECLI:ES:APB:2020:11272), afirma que el simple hecho objetivo de que se relacionen los hijos de ambos orígenes familiares no se muestra como esencial, ni tiene base para un cambio sustancial de las circunstancias.

B) La presencia de los nuevos hermanos

Los hijos menores que se aportan por cada uno de los miembros de la pareja, aunque convivan o hayan vivido juntos, desde un punto de vista jurídico no son hermanos, porque no existe vínculo alguno entre ellos, de forma que no se establecen correlaciones jurídicas entre ellos.

No obstante, que no sean hermanos en el sentido jurídico tampoco significa que, si ha existido convivencia entre ellos, tras la ruptura de los adultos no pueda considerarse la posibilidad de que se establezca judicialmente un régimen de relación propio que permita continuar esas relaciones personales como "allegados"; la normativa estatal lo permitiría en virtud del art. 160.2 CC y la catalana en virtud del art. 236-4.2 CCCat.

Cuestión distinta son los hermanos de un solo vínculo, sobre los cuales el art. 92.5 CC contiene un criterio para tener en cuenta por el juez "*(...) procurando no separar a los hermanos*"; en Aragón viene regulado en el art. 80.4 CDFA, y en la legislación catalana el art. 233-11.2 CCCat contiene un criterio que ha de tener en cuenta el juez "*(...) procurando no separar a los hermanos*".

Lo que ha de interpretarse como una recomendación u orientación que cede si el interés superior del menor aconseja otra solución.

En relación con la doctrina judicial dictada sobre esta materia, cabe destacar:

– Cuando la normativa afirma que no se separará a los hermanos se refiere a los de doble vínculo; en este sentido, en aplicación del CC, las Sentencias de las AA. PP. Alicante, Elche, Sección 9.ª, 186/2018, de 23 de abril (rec. 743/2017) (SP/SENT/960814); Cádiz, Sección 5.ª, 203/2017, de 24 de abril (rec. 831/2016) (SP/SENT/908090), o Baleares, Sección 4.ª, 383/2015, de 30 de diciembre (rec. 363/2015) (SP/SENT/842353); y en aplicación de la normativa catalana la SAP Barcelona, Sección 12.ª, 368/2014, de 4 de junio (rec. 536/2013) (ROJ: SAP B 6147/2014; ECLI:ES:APB:2014:6147), y también la SAP Tarragona, Sección 1.ª, 298/2014, de 5 de septiembre (rec. 49/2014).

– La SAP Lleida, Sección 2.ª, 228/2012, de 31 de mayo (rec. 175/2012) (ROJ: SAP L 440/2012; ECLI:ES:APL:2012:440), estima que en esta tesitura no puede pretender conseguir que los tiempos de la custodia compartida de uno de los progenitores se repartan en consonancia, o amolden, a como los tiene repartidos el hijo de su nueva pareja para que los niños coincidan, y al margen e independientemente de los horarios de trabajo y disponibilidad del otro progenitor del menor, bajo el pretexto de que no se puede separar a los "hermanos"; acceder a ello supondría ampliar forzadamente el concepto de "hermano" y dar preferencia a que el menor pasara más tiempo con el hijo de la pareja de uno de sus progenitores (que vendría a ser considerado como un "hermano"), a que el que pasara con uno de sus propios progenitores, lo que se rechaza de plano, ya que no respondería de ninguna manera a la defensa del interés superior del menor.

– La STSJ Aragón 39/2012, de 27 de noviembre (rec. 32/2012 (ROJ: STSJ AR 1131/2012; ECLI:ES:TSJAR:2012:1131), indica que, aunque el art. 80.4 CDFA no está concebido para los medio hermanos, entre las circunstancias que se han de considerar en el momento de tomar la decisión en beneficio del menor también deben incluirse las referidas a su convivencia con (medio) hermanos.

2. La familia reconstituida en relación con los derechos establecidos antes de la ruptura

A) La pensión de alimentos y la atribución del uso de la vivienda familiar

a) El CC dispone que al establecerse la cuantía de la pensión de alimentos han de valorarse las necesidades de la familia evaluadas conforme al uso del lugar y sus circunstancias (arts. 93 y 1.319 CC), las posibilidades del alimentante y necesidades del alimentista (art. 146 CC), los recursos económicos de ambos progenitores (arts. 145.1 y 1.438 CC), y el uso por el cónyuge a quien esta se atribuya y sus hijos de la vivienda familiar, ya que la habitación forma parte del convenio del derecho a alimentos (art. 142 CC).

Desde la misma perspectiva para determinar el importe de tal pensión, en Cataluña es de aplicación el art. 237-9 CCCat, y en relación con el uso de la vivienda familiar al progenitor que tiene la guarda es de aplicación el art. 233-20.7 CCCat, estableciendo que la atribución del uso de la vivienda, si esta pertenece en todo o en parte al que no es beneficiario, debe ponderarse como contribución en especie para la fijación de los alimentos de los hijos.

De forma que la atribución del uso de la vivienda familiar en estos casos es una parte integrante de un derecho más amplio, como es el derecho de alimentos.

Tal y como disponen los arts. 775 LEC y 233-7 CCCat, toda medida adoptada judicialmente o por acuerdos suscritos entre las partes en relación con los menores se puede modificar mediante resolución judicial posterior, si varían las circunstancias concurrentes en el momento de dictarlas.

– La STS, Sala Primera, 250/2013, de 30 de abril (rec. 988/2012) (ROJ: STS 2081/2013; ECLI:ES:TS:2013:2081), estableció un pronunciamiento unificador de criterios jurídicos discrepantes entre las AA. PP. con relación a la modificación de las medidas alimenticias como consecuencia del nacimiento de otros hijos fruto de una nueva relación de pareja del progenitor alimentando, doctrina que reproducen las SSTS, Sala Primera, 560/2016, de 21 de septiembre (rec. 3391/2015) (ROJ: STS 4100/2016; ECLI:ES:TS:2016:4100), y 557/2016, de 21 de septiembre (rec. 2773/2015) (ROJ: STS 4097/2016; ECLI:ES:TS:2016:4097), donde se manifiesta que el nacimiento de nuevos hijos fruto de una relación posterior no supone, por sí solo, causa suficiente para dar lugar a la modificación de las pensiones alimenticias establecidas a favor de los hijos de una relación anterior, sino que hay que conocer si la capacidad patrimonial o medios económicos del alimentando es insuficiente para hacer frente a esta obligación ya impuesta y a la que resulta de las necesidades de los hijos nacidos con posterioridad.

– El nacimiento de un nuevo hijo no determina la reducción automática de la pensión de los hijos anteriores si el obligado puede asumir sus obligaciones respecto de todos ellos: SSAP Barcelona, Sección 18.ª, 605/2014, de 16 de septiembre (rec. 644/2013); 519/2014, de 11 de julio (rec. 514/2013), y 123/2014, de 19 de febrero (rec. 1197/2012).

– Resulta absolutamente necesario acreditar de manera rigurosa que la capacidad patrimonial o medios económicos del alimentando actual son insuficientes para hacer frente tanto a esta obligación establecida en favor del anterior hijo como la que resulta de las necesidades de los hijos nacidos con posterioridad. Ahora bien, si el apoyo del hijo es una carga del matrimonio, lo importante será conocer el caudal o medios con que cuenta la nueva unidad familiar. A tal efecto, por lo tanto, se impone al progenitor alimentando la carga de la prueba al respecto: SSAP Barcelona, Sección 18.ª, 216/2016, de 10 de marzo (rec. 338/2015); 123/2014, de 19 de febrero (rec. 1197/2012), y 384/2013, de 11 de junio (rec. 526/2012); y SAP Tarragona, Sección 1.ª, 316/2014, de 7 de julio (rec. 466/2013) (ROJ: SAP T 1220/2014; ECLI:ES:APT:2014:1220), y 205/2014, de 20 de mayo (rec. 325/2013), que pone de manifiesto que solo supone una modificación para reducir pensiones anteriores si los medios económicos del obligado se ven afectados de manera que resulten insuficientes para cubrir las necesidades de todos los hijos por igual.

– La SAP Girona, Sección 1.ª, 512/2011, de 27 de diciembre (rec. 635/2011), indica que doctrina judicial ha optado por una postura intermedia y la valoración del caso concreto, entendiendo que deben conciliarse todos los intereses en juego y el principio de igualdad entre los hijos, y la asunción de nuevas responsabilidades familiares.

– La SAP Lleida, Sección 2.ª, 179/2016, de 15 de abril (rec. 664/2015), manifiesta a este hecho nuevo una importancia decisiva, habiendo ponderado que la nueva pareja percibe unos 500 y 600 € al mes, que los gastos de vivienda ascienden a un total de unos 300 €, incluyendo suministros, y que son los tíos maternos del menor los que pagan el colegio concertado al que acude el niño, que es el mismo al que va la hija común de los litigantes.

– La SAP Barcelona, Sección 12.ª, 584/2015, de 16 de septiembre (rec. 86/2014), afirma que la constitución de una nueva familia, el nacimiento de nuevos hijos o la extensión de la visita intersemanal del hijo menor a la pernocta de ese mismo día, son elementos que no implican una alteración sustancial de las circunstancias en cuanto a la contribución alimenticia.

– La SAP Tarragona, Sección 1.ª, 100/2017, de 16 de marzo (rec. 277/2016) (ROJ: SAP T 224/2017; ECLI:ES:APT:2017:224), accedió a revisar la cuantía de la pensión alimenticia abonada por el obligado; señala que en este caso se había acreditado que la situación laboral del padre era inestable. Aunque esta inestabilidad ya se estaba produciendo desde el año 2011, indica que no había que obviar el nacimiento de los dos hijos del apelante en fecha posterior a la firma del convenio regulador, teniendo en cuenta que la madre de los menores también trabajaba.

– Se debe reducir la pensión de alimentos de los hijos en una cantidad proporcional a los menores ingresos del padre y teniendo en cuenta que la madre trabaja y tiene una nueva pareja: STSJ Cataluña 58/2016, de 12 de julio (rec. 40/2015).

b) Por lo que hace referencia a la extinción de la atribución del uso de la vivienda familiar, es de aplicación la doctrina sentada por el Pleno del Tribunal Supremo en STS 641/2018, de 20 de noviembre (rec. 982/2018) (ROJ: STS 3882/2018; ECLI:ES:TS:2018:3882), reiterada en la STS 568/2019, de 29 de octubre (rec. 1153/2019) (SP/SENT/1024162), en la que se pronuncia sobre el art. 96 CC, a tenor de la cual la introducción de un tercero en la vivienda en manifiesta relación estable de pareja con la progenitora que se benefició del uso por habérsele asignado la custodia de los hijos, es decir, formando una nueva familia, hace que deje de servir a los fines del matrimonio y pierda su naturaleza de vivienda familiar.

En Cataluña, el art. 233-24 CCCat establece que el derecho de uso se extingue por las causas pactadas entre los cónyuges, y dispone que el derecho de uso, si ha sido atribuido o con carácter temporal por razón de la necesidad del cónyuge, se extingue por las siguientes causas: "*b) por matrimonio o por convivencia marital del cónyuge beneficiario del uso con otra persona*", habiéndose pronunciado en el mismo sentido del Tribunal Supremo, en aplicación de la norma catalana y en relación con la extinción del uso aun habiendo hijos menores, la STSJ Cataluña 8/2014, de 3 de febrero (rec. 28/2013).

Cabe reseñar en esta materia la siguiente doctrina judicial:

– La SAP Madrid, Sección 22.ª, 494/2020, de 19 de junio (rec. 920/2019) (SP/SENT/1061286), afirma que, siendo los hijos mayores y conviviendo la esposa junto a su nueva pareja y el nuevo hijo, la vivienda pierde la condición de familiar y procede limitar el uso otorgado en divorcio hasta la liquidación de la sociedad ganancial.

– En la SAP Valencia, Sección 10.ª, 271/2020, de 13 de mayo (rec. 337/2019) (SP/SENT/1058739), no prospera la pretensión de atribuir la vivienda al progenitor que vive con el menor, pues este viene residiendo con su nueva pareja y prevalece el pacto de los cónyuges, que convinieron en vender la vivienda.

– Extinción del derecho de uso de la vivienda al no cumplir lo pactado en el convenio (la atribución exclusiva a la hija y la madre), ya que al contraer esta nuevo matrimonio reside con ellas su marido: SAP Girona, Sección 2.ª, 158/2014, de 22 de mayo (rec. 159/2014).

– Incumplimiento en el uso de la vivienda por la esposa pactado en el convenio, ya que convivir con un tercero da lugar a la extinción del uso habiendo hijos comunes: SAP Barcelona, Sección 12.ª, 588/2004, de 6 de octubre (rec. 574/2004). A falta de pacto sobre la cuestión y si conviven en la vivienda familiar hijos menores, en principio, y al no tratarse de un motivo legal de extinción del derecho de uso, su reconocimiento debe ser judicial, de modo que, en defensa de sus intereses, tal circunstancia obligará al progenitor no usuario a instar una demanda de modificación de medidas solicitando la extinción del derecho de uso de la vivienda familiar.

– La madre, aunque tenga la custodia de la menor, ha devenido en una mejor situación económica, puede pagar un alquiler y tiene una nueva pareja, por lo que cesa su atribución de uso exclusivo, ya que el titular es el padre y está más necesitado: SAP Barcelona, Sección 18.ª, 831/2017, de 20 de octubre (rec. 155/2017) (SP/SENT/934953).

– Se limita en seis meses el uso de la vivienda familiar a la esposa, que tiene una nueva pareja y convive con ella y con el nuevo hijo de la pareja. El art. 233-24.2 b) CCCat establece la extinción del uso en estos casos: SAP Barcelona, Sección 18.ª, 170/2011, de 9 de marzo (rec. 310/2010) (SP/SENT/633768).

B) La pensión compensatoria y las pensiones de pareja estable

El art. 101.1 CC establece como causa de extinción de la pensión compensatoria derivada de la ruptura matrimonial el que la persona beneficiaria *"viva maritalmente con otra persona"*.

En Aragón, el art. 83.5 CDFA declara, respecto a la asignación compensatoria, que *"se extinguirá en los supuestos de nueva convivencia marital del perceptor"*.

En Baleares, la Ley 18/2001, de 19 de diciembre, de Parejas Estables, dispone en su art. 10 que *"El derecho de pensión previsto en el punto 1.a) del artículo anterior se extingue (...) y en el supuesto de que el receptor contraiga matrimonio, constituya pareja estable o conviva en relación afectiva análoga a la conyugal con otra persona"*.

En Cataluña, el art. 233-18 CCCat pone de manifiesto que la prestación compensatoria fijada en forma de pensión solo puede modificarse para disminuir su importe si empeora la situación económica de quien la paga, añadiendo que para determinar la capacidad económica del deudor se tendrán en cuenta sus nuevos gastos familiares y se debe dar prioridad al derecho de alimentos de todos sus hijos. Por su parte, el art. 233-19 CCCat, que regula la extinción del derecho, determina que la prestación compensatoria se extingue por el empeoramiento de la situación económica del obligado al pago, si este empeoramiento justifica la extinción del derecho (el art. 234-12 se remite a este precepto en relación con la extinción de la pensión alimenticia en sede de uniones estables de pareja).

Por su parte, en el País Vasco, el art. 12.11 d) de la Ley 7/2015, de 30 de junio, de Relaciones Familiares en Supuestos de Separación o Ruptura de los Progenitores establece que son causas de extinción del derecho de uso el matrimonio o convivencia marital del beneficiario del uso con otra persona, salvo que expresamente se hubiera pactado lo contrario.

Sobre esta materia, la doctrina judicial ha puesto de manifiesto lo siguiente:

– La STS 917/2008, de 3 de octubre (rec. 2727/2004) (ROJ: STS 5236/2008; ECLI:ES:TS:2008:5236), afirma que el nacimiento de un nuevo hijo del obligado no equivale a una disminución de su fortuna, a lo que hay que añadir que el apoyo del hijo es una carga del nuevo núcleo familiar, de forma que lo importante será conocer el caudal o medios con que cuenta la nueva unidad familiar, para lo que se hacía necesario probar si la esposa contribuía económicamente al sostenimiento de esta carga o, por el contrario, el apoyo del hijo quedaba a expensas exclusivamente del marido.

– La SAP Salamanca, Sección 1.ª, 479/2019, de 7 de octubre (rec. 362/2019) (SP/SENT/1026424), considera que, acreditado que la esposa convive con su nueva pareja, se acuerda la extinción de su pensión compensatoria.

– La SAP Barcelona, Sección 18.ª, de 8 de noviembre de 1999 (rec. 810/1999) (ROJ: SAP B 11695/1999; ECLI:ES:APB:1999:11695) considera procedente la declaración de la pensión compensatoria, ya que las nuevas obligaciones del esposo como consecuencia de la nueva familia reconstituida (embargos, nuevo hijo, etc.) no pueden comprometer las contraídas previamente.

– La STSJ Cataluña, 95/2016, de 21 de noviembre (rec. 166/2015), declara la extinción de la prestación compensatoria, pues el marido ha visto reducidos sus ingresos y se ha vuelto a casar con una persona que no trabaja, mientras que los de la beneficiaria han aumentado y tiene pareja estable.

– Extinción de la prestación compensatoria, al haber quedado acreditado con el informe de los detectives que la acreedora mantenía una relación que reunía las características de afectividad y estabilidad propias de la vida marital: STSJ Cataluña, 47/2009, de 26 de noviembre (rec. 10/2009); partiendo de esta idea, la SAP Lleida, Sección 2.ª, 215/2016, de 5 de mayo (rec. 33/2015) (ROJ: SAP L 393/2016; ECLI:ES:APL:2016:393), pone de manifiesto en su fundamento cómo la creación de una familia reconstituida da pie a la extinción de la prestación.

¿Modelos alternativos de familia o familias reconstituidas?

Virtudes Campos Reig

Fiscal adscrita a la Fiscalía de Familia de Barcelona

Me gustaría abordar el tema de las familias reconstituidas partiendo de una serie de supuestos, cada vez más frecuentes, que se han planteado en la vivencia del día a día en los juicios de familia de nuestro juzgado.

Estos supuestos son solo representación de muchos otros que sin duda les habrán surgido a todos los profesionales que se dedican a este tema.

No se trata, entiendo, de abordar su regulación jurídica –no por falta de interés, que lo tiene, puesto que ni es completa ni se dan por todos los juzgados soluciones homogéneas–, sino de atender a una realidad social cada vez más frecuente y compleja que lleva al planteamiento siguiente:

– Estos modelos alternativos de familia que vamos a exponer: ¿son supuestos de familias reconstituidas?

– ¿Se ha de limitar el concepto de familias reconstituidas solo a parejas hombre/mujer que forman un nuevo núcleo familiar?

– ¿Debemos limitarnos, cuando hablamos de familias reconstituidas, al modelo exclusivamente de una nueva pareja hombre/mujer con la que se inicia una nueva convivencia tras la ruptura, ya sea con hijos propios, de la nueva pareja o incluso comunes?

– O bien ¿podemos incluir otras realidades que se configuran también como una nueva forma de convivencia familiar con los menores, pero con connotaciones diferentes?

En este sentido, querría llamar la atención sobre, como indico, algunas de estas realidades.

I. Primera realidad: Fallecimiento de uno de los progenitores biológicos, siendo un tercero el que asume la guarda de los menores en lugar del otro progenitor

Aquí podríamos englobar los supuestos de:

– Abuelos que asumen la guarda en lugar del otro progenitor biológico.

– Es la tía/tío de los menores, a su vez con o sin hijos, con un núcleo familiar distinto al que se tienen que incorporar los menores.

– Uno de los hermanos, al adquirir la mayoría de edad, solicita la guarda de sus otros hermanos, todavía menores, ante la escasa y conflictiva relación con el progenitor biológico tras el fallecimiento del otro progenitor que ostentaba la guarda.

II. Segunda realidad: Ejercicio de hecho de la guarda por los abuelos con permisividad de ambos progenitores biológicos o uno de ellos

Son lo que podríamos denominar "progenitores con visitas". Se trata de progenitores, generalmente muy jóvenes, que dejan al cuidado de sus padres –los abuelos– el rol parental, fundamentalmente porque que no son capaces de sobrellevarlo.

Podríamos destacar los dos casos que se describen en los siguientes epígrafes.

1. Solicitud por parte de la abuela paterna de la guarda de su nieto menor de edad, compartida con su hijo (el padre del menor)

Padres jóvenes. La pareja vive en el domicilio de la abuela, que tiene otros hijos.

El padre del menor, incluso, es padre de otros niños con otras parejas. La madre prioriza su vida social, desapareciendo durante días. Es la abuela la que asume el rol materno. Solicita ayuda a los servicios sociales, llega a intervenir la Direcció General d'Atenció a la Infància i l'Adolescència (DGAIA), y abren expediente de riesgo, que cierran posteriormente.

Cuando se celebra la vista –a la que no asiste la madre del menor–, la abuela explica la nula atención y escasa comunicación de la madre con el menor, con la enorme inestabilidad que ello le provocaba al niño, y que el padre se iba a marchar al extranjero. Sin embargo, añade que en el momento actual la situación había cambiado, el padre del menor ya no quería marcharse, se había centrado, añadiendo que era un buen hijo y que convivían los tres, es decir, ellos dos junto con el menor en el mismo domicilio, compartiendo el cuidado del niño entre ambos. Tanto es así que el padre del menor no dudó en indicar en el juicio que "*le parecería muy bien que se atribuyera la guarda del menor a él y a la abuela conjuntamente*". Realmente era la primera vez que se nos planteaba una guarda y custodia compartida tan "peculiar".

Finalmente, se atribuyó una guarda de hecho con funciones tutelares a la abuela del menor, pero lo destacable entiendo que no es la regulación legal, sino la nueva estructura familiar en la que se encuentra el menor, que, además, es una estructura consolidada, tal como pudimos comprobar en el acto de la vista.

2. La abuela materna de una menor solicita que se le atribuya la guarda y custodia de la nieta, con el consentimiento de la madre

En este caso, se partía de una situación de hecho, también consolidada, en la que era la abuela la que asumía el cuidado de la menor.

La madre, muy joven, vivía en otro domicilio en pareja, trabajaba en horario nocturno en un hospital y manifestaba que visitaba a la niña frecuentemente entre semana, se comunicaba todos los días, ayudaba económicamente, pero que no podía atenderla, ya que se veía desbordada.

La relación era buena. La abuela, por consenso entre ambas, había asumido el rol materno. El núcleo familiar estaba constituido por la menor, los abuelos maternos y una madre con "un régimen de visitas abierto".

III. Tercera realidad: Pérdida de libertad por entrada en prisión de uno de los progenitores. Excepcionalidad de la realidad familiar. Dificultad en el régimen de visitas

Se crean dos núcleos de familia tras el divorcio y el niño tiene dos núcleos familiares con realidades sociales muy distintas.

IV. Cuarta realidad: Filiación del padre registral (no biológico)

Pareja de hecho que inicia la convivencia cuando ella se encontraba embarazada y había mantenido otras relaciones, además de con el padre registral.

A los dos meses aproximadamente del nacimiento de la niña, a solicitud de la madre, el Sr. X reconoce a la menor como hija en el Registro Civil.

Al cabo de un tiempo, la pareja se separa. El Sr. X solicita medidas de guarda y custodia y paralelamente la madre ejercita acción de impugnación de filiación no matrimonial.

Dejando al margen el tema jurídico en cuanto al tipo de acción que se ejercitó por la madre, así como la concurrencia de los plazos de caducidad y temas varios planteados, lo cierto es que se había creado también una estructura familiar *de facto* en relación con la menor y sus relaciones familiares.

Su "papá" era la persona que la había acompañado hasta ese momento de su vida. Si finalmente no resultaba ser el padre biológico y se acreditaba otra paternidad biológica, ¿indudablemente se plantearía una alternativa de familia o un supuesto de familia reconstituida?

V. Quinta realidad: Diversidad legislativa e incompatibilidad

Convendría destacar la importancia, y la cada vez mayor problemática, que la diversidad como factor multicultural y la globalidad presentan. A continuación, se expone un ejemplo real.

– Matrimonio celebrado en España entre dos mujeres, una española y otra chilena. Una de las madres, la chilena, es la gestante de una niña. La convivencia se realiza en España y Chile.

Se separan de hecho al año del nacimiento de la menor. Chile no reconoce el matrimonio entre mujeres y, por lo tanto, no se puede plantear el divorcio. En la actualidad, la menor reside en Chile con la madre chilena.

Complejidad en la regulación de medidas y sobre todo en ejecución.

– Otro ejemplo real de este supuesto: Menor de 16 años que quiere irse a vivir a Granada con el padre, nacida en Barcelona, bien integrada en el ámbito escolar, nunca ha vivido en Granada y ha estado solo esporádicamente en dos ocasiones.

El padre siempre ha vivido en Cataluña, pero quiere iniciar una nueva vida y se va a casar por poderes con una ecuatoriana que no conoce España, ni tampoco ha convivido con la menor.

La adaptación a la nueva estructura familiar puede resultar buena, pero *a priori* hace pensar que puedan existir también escollos en esta nueva estructura de familia.

VI. Sexta realidad: Maternidad subrogada-madre no biológica-menor-madre gestante-padre biológico. ¿Supuesto alternativo de familia o familia reconstituida?

Estas nuevas formas de familia se recogen en ocasiones en la jurisprudencia y al respecto creo de interés citar varias sentencias relacionadas con algunas de estas realidades.

Veamos alguna jurisprudencia referente a estas formas de familia que han ido surgiendo.

– **Tribunal Supremo, Sala de lo Civil, Sección 1.ª, Sentencia 47/2015, de 13 de febrero.** Se dictó sentencia en primera instancia atribuyendo la guarda y custodia a la tía paterna. La Audiencia Provincial la atribuyó a los abuelos y, finalmente, el TS la vuelve a atribuir a la tía paterna.

"El asunto litigioso versa sobre la atribución de la guarda y custodia de un menor a personas distintas de sus progenitores, por las especiales circunstancias que han rodeado la vida y crecimiento del niño, afectado por la muerte de su padre a manos de su madre. En estos casos la pauta de referencia tiene que ser necesariamente el interés prevalente del menor, y ello no significa que el tribunal deba aceptar necesariamente el contenido de dichos informes periciales. Son las reglas de la sana crítica aplicadas a dicho informe, en el conjunto de las pruebas aportadas, lo que será determinante para resolver la controversia familiar.

(...) El menor ha tenido un entorno estable y seguro, primero con su padre (del que le privó violentamente su madre), y después, tras el asesinato, con su tía y en el entorno familiar paterno, lo que posibilitó la creación de unos vínculos afectivos muy distintos de los existentes con los abuelos que ahora pretenden reforzarse a través de un cambio de custodia. El nuevo entorno con los abuelos en ningún caso garantiza que el menor establezca un sentimiento de lealtad hacia una de las familias en contra de la otra, lo que es lógico y previsible, al menos durante un tiempo, dadas las graves circunstancias que se han producido y de las que ha sido testigo directo. Tampoco ofrece garantías de estabilidad y no se justifica ningún cambio sustancial de las circunstancias para acordarlo, salvo el interés de los abuelos de hacerse cargo en exclusiva de la custodia, lo que contradice la jurisprudencia citada en el motivo (STS 31 de enero 2013: «Con independencia del reproche que se pudiese realizar del comportamiento de la progenitora custodia, lo que debe primar es el interés del menor»)".

– **Audiencia Provincial de Santa Cruz de Tenerife, Sección 1.ª, Auto 125/2020, de 18 de junio.** Otorga legitimación para solicitar la guarda de los menores a la tía (se avalan estas nuevas formas cada vez más frecuentes).

Me ha parecido curiosa la alusión al "deber de injerencia" en estas situaciones, y se da prevalencia a la labor de garante de la menor, que viene asumido de "hecho" por quien está responsabilizándose de la guarda.

"Frente al Auto dictado en la instancia y por el que se acuerda la no admisión a trámite de la demanda formulada por la ahora recurrente en la que se interesaba, como tía paterna de la menor, se le atribuyere la guarda y custodia, y se fijara una cantidad en concepto de pensión de alimentos a abonar por la progenitora demandada, se interpone recurso ratificando los términos de su demanda con fundamento en lo dispuesto en el art. 103 del Código Civil y normativa de protección de los menores".

Se citan varias sentencias:

1.ª La Sentencia 679/2013, de 20 de noviembre, atribuye la guarda y custodia de una niña a quien impugnó la paternidad a través de los arts. 103, 1.ª, prr. 2 y 158, ambos del Código Civil, y art. 11.2 LO 1/1996, de 15 de enero, con funciones cuasi tutelares, "*y ello precisamente por el interés público que informa en estos procedimientos con relación a los hijos menores de edad, conforme a la normativa citada, aunque excedan de las relaciones paterno filiales*".

2.ª La Sentencia 582/2014, de 27 de octubre, sobre guarda de hecho, interpretada bajo el principio del superior interés del menor, establece la doctrina siguiente: "*Cuando un guardador de hecho preste a un menor la necesaria asistencia, supliendo el incumplimiento de los progenitores de los deberes de protección establecidos por las leyes respecto de la guarda de aquel, ni se excluye ni se impone declarar la situación de desamparo, debiendo ser las circunstancias concretas de la guarda de hecho, interpretadas al amparo del superior interés del menor, las determinantes a la hora de decidir la situación jurídica respecto de su eficaz protección*".

"En estas circunstancias, la guarda de la niña por su tía impone a aquella el deber de injerencia en la esfera jurídica de esta mientras sea necesario para su interés, con las únicas limitaciones que derivan de la función que desempeña, en la forma que autorizan los art./s. 52 de la Ley 15/2015, de 2 de julio, de la Jurisdicción Voluntaria, y 303 del Código Civil, con la garantía que proporciona la intervención del Ministerio Fiscal, cuyo Estatuto (artículo 3.7) le impone, como defensor del superior interés del menor, «asumir o en su caso promover la representación en juicio y fuera de él de quienes por carecer de capacidad de obrar o de representación legal, no puedan actuar por sí mismos, así como promover la constitución de los organismos tutelares que las leyes civiles establezcan y formar parte de aquellos otros que las leyes civiles establezcan y formar parte de aquellos otros que tengan por objeto la protección y defensa de menores y desvalidos»".

3.ª Audiencia Provincial de Zaragoza, Sección 2.ª, Sentencia 448/2008, de 22 de julio: guarda y custodia de los hijos; fallecimiento de la madre que ostentaba la guarda y custodia de la menor; atribución de la guarda de hecho a su tía materna, permaneciendo la autoridad familiar del padre biológico, dejando libertad a la menor para que vea y se relacione con su padre cuando ella libremente lo decida.

– **Audiencia Provincial de Barcelona, Sección 12.ª, Sentencia 887/2017, de 17 de octubre.** Estimación en favor de los abuelos maternos: La madre de las menores había fallecido estando divorciada del padre de las mismas, quien tras el deceso recuperó la custodia; limitación a un fin de semana al mes en beneficio de las menores.

Jurisdicción: Civil. Recurso de apelación 202/2016. Pte.: Ilmo. Sr. D. Pascual Ortuño Muñoz.

"PRIMERO

(...) Por sentencia de fecha 31.7.2015 del Juzgado de 1.ª Instancia n.º xx de Barcelona se estableció el régimen de comunicación y visitas de las dos menores Clara (nacida el NÚM000.2006) y Evangelina (nacida el NÚM001.2009), con los abuelos y tíos maternos que ha sido transcrito en los antecedentes. La madre de estas niñas había fallecido en 2014 estando divorciada del padre de las mismas, que tras el deceso recuperó la custodia de las mismas (que ostentaba la madre hasta su muerte en virtud de la precedente sentencia de divorcio de XX.X.XXXX).

La sentencia recurrida fijó un régimen de visitas amplio, de fines de semana alternos, una tarde semanal con pernocta y mitad de todos los períodos vacacionales.

La sentencia fue recurrida en apelación por el padre de las menores D. Xx por cuanto entiende que el sistema establecido es inapropiado en cuanto a su extensión, similar en la práctica a una guarda compartida. Sostiene que no puede asimilarse el régimen de visitas que es normal para las relaciones entre progenitores al que es propio mantener con otros familiares, como es el presente caso. En consecuencia, formula los motivos del recurso articulándolos en la impugnación del pronunciamiento de las visitas por error en la apreciación y valoración de las pruebas, así como de las consecuencias jurídicas de la decisión adoptada.

La representación de los abuelos y tíos maternos (parte actora) se opusieron al recurso.

(...) La realidad constatada es que el normal desenvolvimiento del régimen de visitas y estancias de las menores con la familia materna quedó interrumpido, lo que es imputable a la actitud del padre que no ha aceptado la intervención en coordinación de parentalidad que le fue facilitada por el tribunal. En la parte dispositiva del auto de este tribunal de X.X.XXXX se acordó (...).

La controversia que se traslada a la alzada excede del ámbito de lo jurídico, puesto que viene condicionada por una deficiente elaboración a niveles psíquicos de las relaciones personales entre el padre de las menores y la familia extensa de sus hijas, produciéndose una serie de circunstancias que determinaron la incoación de diversas denuncias y procesos entre la familia de la madre fallecida y el hoy recurrente (...).

El artículo 211-6 del CCCat establece que el interés de los menores es el principio inspirador de toda actuación que les afecte y, en lo que se refiere a la relación de los mismos con la familia extensa el art. 236-4.2 que concreta en el derecho interno los principios de la Declaración Universal de los Derechos del Niño, como con toda precisión se analiza por la sentencia dictada por el tribunal de primera instancia consagra el derecho de los menores a relacionarse con los abuelos y otras personas próximas los cuales, a su vez, tienen el mismo derecho de relación.

La ley impone a los progenitores la obligación de facilitar tales relaciones, salvo en el caso de que puedan resultar perjudiciales para los niños, y por causa debidamente justificada.

En este caso no concurre causa alguna para que no se establezca de la forma más amplia posible la relación con las nietas solicitada por los demandantes, tal como ha entendido el magistrado de primera instancia que, por otra parte, ha adoptado las medidas necesarias para que se llevaran a efecto ante la actitud mostrada por el hoy recurrente que ha dado lugar incluso a la realización de los apercibimientos y multas a los que ya hemos hecho referencia. Tal actitud se ha mantenido de forma contumaz al rechazar la actuación de los coordinadores de parentalidad que fueron designados por este tribunal con la misión específica de construir un marco de relaciones viables para el futuro que, lamentablemente, no ha podido ser establecido por acuerdo, que hubiera sido lo deseable en beneficio de las hijas.

(...) En este sentido lo que establece la sentencia de primera instancia es adecuado, aun cuando no es un criterio acertado dar un trato igualitario a las relaciones con abuelos y allegados respecto a los sistemas habituales que se establecen en los casos de rupturas o divorcio entre los progenitores.

(...) En consecuencia, y siguiendo la línea de este tribunal en casos similares es procedente estimar en parte el recurso concretando las relaciones de las nietas con los abuelos y la familia extensa materna a un fin de semana al mes, más una tarde en las semanas que no coincidan con dicho fin de semana, más un período razonable en los períodos vacacionales; exhortando a las dos partes a que procuren flexibilizar las posiciones en beneficio de las menores y propiciar una mayor relación y, sobre todo, un mínimo grado de colaboración para que las niñas puedan preservar la memoria de su madre y hacerla compatible con el ejercicio de la custodia por el padre.

VII. ¿Podríamos hablar de la inclusión de estos modelos de familia dentro del concepto de familias reconstituidas?

En estas nuevas formas de familia se produce, en relación con los menores, un cambio en la estructura familiar –con nuevas alternativas parentales– que supone un esfuerzo emocional indudable para los menores y que reúnen características o circunstancias que han sido expuestas en relación con las familias reconstituidas en este texto.

En todo caso, dejo planteado el debate.

Finalmente, me gustaría destacar dos aspectos:

– La especial labor de velar por los menores en estas formas alternativas de "familia" o tipos de familias reconstituidas que incumbe a todos los profesionales y, por supuesto, al Ministerio Fiscal como garante no solo de la legalidad, sino de la asunción principal de su protección, dada la peculiar problemática que presentan y que requiere de una dimensión de análisis que trasciende más allá de lo estrictamente jurídico.

Nos encontramos ante una puerta que abre realidades cuyos márgenes en muchas ocasiones son desconocidos. Acotarlos, y acotarlos acertadamente, es la labor de todos en conjunto.

– El segundo aspecto es el que ya todos conocemos, como es la variedad de realidades cada vez más complejas que llevan a la necesidad de una especialización en esta materia.

La audiencia conjunta de niños, niñas y/o adolescentes en procesos de familia

Xavier Abel Lluch

Magistrado-Juez del Juzgado de Primera Instancia n.º 14 de Barcelona. Doctor en Derecho

Carmen Ortiz Rodríguez

Magistrada-Juez del Juzgado de Primera Instancia n.º 16 de Barcelona

Pilar Tintoré Garriga

Abogada. Presidenta de la Sección de Derecho de la Infancia y Adolescencia del Il·lustre Col·legi de l'Advocacia de Barcelona

I. Introducción

El creciente número de ruptura de parejas, así como la existencia de familias reconstituidas, permite prever que, en un futuro, la audiencia de niños, niñas y adolescentes (en adelante NNyA), que tradicionalmente se ha concebido y regulado de modo individual, pueda experimentar ciertas variaciones, llegándose a plantear la posibilidad de audiencias conjuntas de NNyA, esto es, de dos o más niños, niñas y adolescentes.

Sobre la premisa de que se trata de una posibilidad de futuro, y aún carente de regulación legal, el presente artículo analiza las eventuales ventajas e inconvenientes de una audiencia conjunta, sus presupuestos —relativos a la conformidad de los NNyA—, las diferentes modalidades —en función de las franjas de edad de los NNyA—, la documentación de la audiencia conjunta —con particular referencia a la negativa de algún NNyA a la grabación de su imagen— y, finalmente, los criterios específicos de valoración de este tipo de audiencias.

II. Precisiones terminológicas

Los psicólogos afirman que el lenguaje crea realidad y los juristas afirman que el lenguaje debe ser preciso, por lo que interesa, con carácter previo, puntualizar la terminología escogida.

El legislador alude bien a la *"exploración de menores"* (art. 770, regla 4.ª, LEC) o bien al *"derecho a ser oído y escuchado del menor"* (art. 9 LOPJM), mientras que en textos supranacionales se consagra el *"derecho a expresar la opinión del niño"* (art. 12 de la Convención sobre los Derechos del Niño, de 20 de noviembre de 1989) o la garantía de *"asegurarse que el niño ha recibido toda la información pertinente"* (art. 6 del Convenio Europeo sobre el Ejercicio de los Derechos de los Niños, de 25 de enero de 1996).

La expresión "audiencia de niños, niñas y/o adolescentes" resulta más precisa y significativa por los motivos siguientes:

i) Es preferible aludir a una "audiencia" que a una "exploración".

El término "exploración", en cuanto referido al acto y acción de explorar, alude, en términos genéricos, a la acción de reconocer, registrar o inquirir con diligencia una cosa o lugar, y en el ámbito médico, al acto de examinar o reconocer a una persona con fines diagnósticos.

El término "audiencia", por el contrario, alude al acto de oír, en un proceso determinado, a una persona (en este nuestro caso, un NNyA) antes de adoptar una decisión que pueda afectarle, en consonancia con la finalidad de este acto, que no es otra que *"la percepción por el tribunal de la visión del conflicto subyacente desde el punto de vista del menor"* (SAP Barcelona de 17 de febrero de 2015) o *"la percepción judicial directa por quien ha de enjuiciar del estado del menor"* (SAP Barcelona de 26 de junio de 2015).

ii) Es preferible la expresión "niño, niña y/o adolescente" (NNyA) que la expresión "menor".

El término "menor", en cuanto sustantivo, significa que una persona tiene menos edad que otra, y en cuanto adjetivo, puede significar que una persona ostenta un rango, cualidad o posición inferior que otra.

El término "niño", "niña" y/o "adolescente", en cuanto referido a una persona, le individualiza e identifica tanto con referencia a la identidad sexual como a su estadio evolutivo, pues un adolescente tiene mayor edad que una niña o niño. De ahí que en el presente texto utilizaremos la expresión "audiencia de niños, niñas y/o adolescentes" o, en su formación abreviada, "audiencia de NNyA".

III. Regulación legal

1. Inexistencia de previsión legal específica

Tanto la regulación internacional (art. 12 de la Convención sobre los Derechos del Niño, de 20 de noviembre de 1989, y art. 24 de la Carta Europea de Derechos Fundamentales, de 8 de julio de 1992), como la regulación nacional (Ley Orgánica 8/2015, de 22 de julio, de modificación del Sistema de Protección a la Infancia y a la Adolescencia; Ley 26/2015, de 28 de julio, de modificación del Sistema de Protección a la Infancia y a la Adolescencia, y art. 9 LOPJM), así como la procesal (art. 770, regla 4.ª, LEC y art. 18.4.ª LJV) contemplan la audiencia de NNyA desde la perspectiva de un solo niño, niña o adolescente, esto es, en términos que este derecho se practica individualmente con uno de ellos.

Lo mismo avala la práctica forense de los juzgados y tribunales en que la audiencia de NNyA se practica siempre individualmente, pero nunca con varios NNyA simultáneamente.

Sin embargo, el aumento creciente de las familias reconstituidas permite cuestionar la regulación legal y la práctica forense. En las familias reconstituidas se producen conflictos entre los hijos procedentes de uno y otro progenitor, tales como las rivalidades, los celos, o las relaciones tirantes entre uno de los hijos y la nueva pareja del padre/de la madre. En tales casos, puede resultar oportuno practicar la audiencia de los NNyA de forma conjunta, con la finalidad de tener una visión integral de la controversia familiar y que los deseos y opiniones de los NNyA puedan expresarse en identidad de momento y circunstancias.

2. Las directrices supranacionales

En el ámbito del Consejo de Europa, el art. 12 de la Convención sobre los Derechos del Niño, de 20 de noviembre de 1989, dispone que "*1. Los Estados Parte garantizarán al niño, que esté en condiciones de formarse un juicio propio, el derecho de expresar su opinión libremente en todos los asuntos que afectan al niño, teniéndose debidamente en cuenta las opiniones del niño, en función de la edad y madurez del niño. 2. Con tal fin, se dará en particular al niño oportunidad de ser escuchado en todo procedimiento judicial o administrativo que afecte al niño, ya sea directamente o por medio de un representante o de un órgano apropiado, en consonancia con las normas de procedimiento de la ley nacional*".

Sin perjuicio de otros aspectos que se desarrollarán posteriormente, procede destacar los siguientes principios fundamentales contenidos en las Directrices del Comité de Ministros del Consejo de Europa para una Justicia Adaptada a los Niños[1]:

– Participación: "*Deberá respetarse el derecho de todos los niños a ser informados sobre sus derechos, a que se les faciliten formas apropiadas de acceso a la justicia y a ser consultados y escuchados en cualquier procedimiento en el que participen o que les afecte. Esto incluye tener debidamente en cuenta las opiniones de los niños de acuerdo con su madurez y cualquier dificultad de comunicación que estos puedan tener con el fin de que su participación sea significativa*".

– Interés superior del niño: "*Si bien las autoridades judiciales tienen la competencia y responsabilidad últimas de tomar las decisiones finales, los Estados Parte deberían, cuando proceda, aunar esfuerzos para establecer enfoques pluridisciplinarios al objeto de evaluar el interés superior de los niños en los procedimientos que les afecten*".

– Dignidad: "*Los niños deberían ser tratados con cuidado, sensibilidad, equidad y respeto a lo largo de cualquier procedimiento o caso, prestando especial atención a su situación personal, bienestar y necesidades particulares, y respetando plenamente su integridad física y psicológica*".

– Protección de la vida privada y familiar: "*En los casos en que los niños presten declaración o testifiquen en el marco de procedimientos judiciales o extrajudiciales u otros procedimientos, dicha actuación se realizará preferiblemente a puerta cerrada cuando así proceda.*

[1] Adoptadas por el Comité de Ministros del Consejo de Europa el 17 de noviembre de 2010.

Por norma general, solo deben estar presentes aquellas personas directamente implicadas en el caso, siempre que no supongan un obstáculo para el testimonio que presten los niños. Los profesionales que trabajen con y para los niños deben cumplir las más estrictas normas de confidencialidad, excepto cuando exista un riesgo para el niño".

Resulta destacable que el documento referido, bajo el epígrafe relativo al derecho a ser escuchado y a expresar sus opiniones (párrafo 106), recoge lo siguiente: "*106. La Observación General N.º 12 del Comité de los Derechos del Niño de las Naciones Unidas interpreta el derecho del niño a ser escuchado, que es uno de los cuatro principios rectores de la convención de las Naciones Unidas sobre los Derechos del Niño, empleando el término «garantizarán», un término jurídico de especial firmeza que no deja margen a la discreción de los Estados parte*". En su Observación General n.º 5, el Comité establece concretamente que: "*es relativamente fácil aparentar que se escucha a los niños, pero para atribuir la debida importancia a la opinión de los niños se necesita un auténtico cambio*".

El planteamiento de la posibilidad de celebrar audiencias conjuntas ante la incontestable realidad social que constituyen las familias reconstituidas se incardina en esa voluntad de indagar la auténtica opinión de los NNyA promoviendo, desde la práctica judicial, los cambios que sean necesarios que permitan hacer efectivo el derecho de los NNyA a expresar su opinión en toda su extensión. Porque desde las instituciones públicas se deben incorporar los métodos y sistemas más idóneos para conocer la opinión de los NNyA, tanto para audiencias individuales como múltiples, y tener en cuenta su punto de vista a la hora de planificar medidas o adoptar decisiones legislativas o judiciales que les afecten directa o indirectamente para garantizar el interés superior de esos NNyA tal y como se recoge en la Observación general n.º 14[2].

La Carta de los Derechos Fundamentales de la Unión Europea establece derechos especialmente relevantes para la infancia en los procedimientos judiciales. En concreto, y respecto del derecho a ser oído como manifestación de su participación efectiva en los procedimientos judiciales que les afecten, el art. 24 dispone que los menores "*Podrán expresar su opinión libremente. Esta será tenida en cuenta en relación con los asuntos que les afecten, en función de su edad y de su madurez*".

Otros artículos de la Carta de los Derechos Fundamentales recogen derechos de especial importancia para la infancia en los procedimientos judiciales: el derecho a la dignidad humana (art. 1), el respeto de la vida privada y familiar (art. 7), la protección de datos de carácter personal (art. 8), la no discriminación (art. 21) o el derecho a la tutela judicial efectiva (art. 47).

El informe "Justicia adaptada a la infancia: perspectivas y experiencias de los niños y de los profesionales", elaborado por la Agencia de los Derechos Fundamentales de la Unión Europea (FRA)[3], concluye sobre los factores que impiden la plena participación de los niños y de las niñas en los procedimientos judiciales y sobre las iniciativas. que podrían ayudar

---

[2] Observación general n.º 14 (2013) sobre el derecho del niño a que su interés superior sea una consideración primordial (art. 3, párrafo 1).

[3] FRA (2017) "Justicia adaptada a la infancia: perspectivas y experiencias de los niños y de los profesionales. Resumen", Luxemburgo, Oficina de Publicaciones.

a superar tales dificultades. En concreto, en relación con el derecho de los NNyA a ser oídos, el informe afirma que, aunque la legislación de la Unión Europea (UE) confiere derechos y garantías específicos a los niños que son víctimas de delitos, así como garantías mínimas para niños testigos de determinados delitos, no existen garantías equiparables para los niños que participan en procedimientos civiles.

Entre esas garantías procesales para víctimas menores de edad encontramos que las audiencias con víctimas menores de edad se limitan en número, se celebran en espacios especialmente diseñados y por profesionales formados y, a ser posible, por la misma persona; se evita el contacto visual entre los niños y los denunciados; los niños no tienen que comparecer en persona y su declaración se escucha a través de equipos de comunicación o de grabaciones audiovisuales; las vistas son cerradas al público y los niños van acompañados de un representante legal o un adulto de su elección[4].

El informe recoge, en relación con el derecho del NNyA a ser oído, que los profesionales consideran esas garantías esenciales en tanto que reducen el estrés de los NNyA y el riesgo de victimización secundaria y facilitan su participación en los procedimientos judiciales.

En otro orden de cosas, afirma que los NNyA entrevistados señalan que un planteamiento abierto, atento, respetuoso y amable es esencial para comunicar mejor sus deseos y sentimientos.

En relación con el derecho a la información de los NNyA, el informe se hace eco de que los NNyA se quejan de que en los procedimientos civiles carecen de información sobre el propósito de la audiencia, las consecuencias de sus declaraciones y las sentencias dictadas. Asimismo, los NNyA destacaron que el hecho de tomar en consideración sus opiniones en el proceso y facilitarles la información necesaria sobre este aumentaba su sensación de seguridad.

No hemos de olvidar que los NNyA, como sujetos de derechos, deben tener garantizado en todo momento su derecho a la información, a ser oídos y a su participación en cualquier procedimiento que les afecte. Ello obliga a valorar bajo el *principio de autonomía progresiva*, el ejercicio de sus derechos de forma directa conforme a la evolución de sus facultades, independientemente de la edad que tengan, es decir, la edad no debe interpretarse como un proceso gradual que aumenta sus derechos. De ahí que deba tomarse en consideración que los niños y niñas muy pequeños también tienen los mismos derechos, aunque por edad no puedan expresar sus opiniones ni representarse a sí mismos de la misma manera que los niños más mayores.

3. Derecho comparado: Participación de los niños, niñas y adolescentes en los procedimientos judiciales de familia

Los diferentes cambios sociales, culturales y legislativos que se han sucedido a lo largo de los años han conseguido que en los Estados miembros de la UE se vaya dejando de considerar

[4] Garantías procesales contenidas en la Directiva relativa a la Prevención y Lucha Contra la Trata de Seres Humanos (2011/36/UE), en la Directiva relativa a la Lucha Contra los Abusos Sexuales y la Explotación Sexual de los Niños y la Pornografía Infantil (2011/93/UE), y en la Directiva por la que se establecen Normas Mínimas sobre los Derechos, el Apoyo y la Protección de las Víctimas de Delitos (2012/29/UE).

el derecho de audiencia de los menores de edad como un derecho de límites y pase a ser considerado como un derecho de aplicación universal. Por ello, los Estados miembros fomentan, en mayor o menor medida, la necesidad de que los NNyA sean parte activa de la esfera judicial, en cuanto a su derecho de poder expresar sus opiniones desde su propia perspectiva y experiencia en aquellas materias que les afecten de forma directa. Todo Estado debe garantizar que los NNyA puedan expresar sus deseos e inclinaciones libremente, sin que este derecho se vea coartado por ninguna persona o en cualquier procedimiento judicial.

Desde un plano supranacional, los derechos de los NNyA adolecen de una falta clara y homogénea de regulación sobre el método de participación y audiencia en los procedimientos judiciales. Se ha podido comprobar dicho extremo a través de diversos estudios realizados por la Comisión Europea "Study on children's involvement in judicial proceedings - contextual overview for civil justice"[5], así como del informe "The right of children to be heard: children's right to have their views taken into account and to participate in legal and administrative proceedings"[6], observándose que entre los Estados miembros de la UE siguen existiendo grandes diferencias en la regulación del derecho de audiencia de los NNyA en los procedimientos judiciales.

El derecho de los menores de edad a ser oídos y escuchados debe constituir el eje vertebrador de cualquier procedimiento judicial de familia, siempre que sus derechos e interés particulares sean motivo de enjuiciamiento. El presente análisis comparado ofrece una visión generalizada de la participación de los NNyA en los procedimientos judiciales de algunos Estados miembros.

En la actualidad, **Finlandia y Alemania** son los países de la UE que más fomentan la participación de los NNyA en los procedimientos judiciales, tanto civiles como de familia. Para la participación y el derecho de los niños a ser oídos se atiende, en principio, a la edad y a su grado de madurez. No obstante, en muchas ocasiones se ha preferido prescindir de estos parámetros, otorgando el derecho de audiencia a todos los NNyA, independientemente de la edad y el grado de madurez. Se podría afirmar que el único requisito indispensable en esos casos es que en la intervención o audiencia a los NNyA no se les cause ningún perjuicio. Sobre todo en los procedimientos de familia en los que la figura del NNyA pasa a ser el epicentro de todo el proceso, será aún más importante identificar y conocer los deseos, preferencias e intereses de los NNyA para permitir al juez tomar una decisión que garantice sus derechos. Tanto Alemania como Finlandia disponen de unas técnicas de comunicación "child-friendly" muy avanzadas, estando estas totalmente adaptadas a las necesidades de los NNyA para que se sientan cómodos y confortables en las audiencias, evitando que puedan sentirse presionados ante la figura del juez o del experto cualificado.

En el caso de **Luxemburgo**, este intenta cumplir con el art. 12 de la Convención de los Derechos de los Niños y articular el acceso y participación de los NNyA en los procedimientos judiciales. Así, el niño podrá acudir a las audiencias con el apoyo de un letrado

[5] "Study on children's involvement in judicial proceedings - contextual overview for civil justice", Luxemburgo, Publications Office of the European Union, 2015.

[6] O'Donnell, D. "The right of children to be heard: Children's right to have their views taken into Account and to participate in legal and Administrative proceedings", UNICEF, Innocenti Working Paper, abril 2009.

designado por este para que le preste asistencia guiada durante las audiencias, siendo la función de este únicamente la de guiar y ayudar al menor para que exprese sus sentimientos adecuadamente.

En **Austria**, en sus procedimientos de familia relativos a la guarda y custodia, todos los NNyA mayores de 10 años obligatoriamente deberán ser oídos por el juez que esté llevando el proceso; sin embargo, para aquellos niños o niñas menores de 10 años el juez deberá adaptarse a las capacidades del niño o, en su caso, la audiencia podrá ser realizada por un experto cualificado que deberá adaptarse a las necesidades de ese niño o niña, intentando en todo momento que el niño se sienta lo más seguro posible. Asimismo, en los casos de adopciones, los NNyA siempre serán oídos antes de la toma de cualquier decisión.

En el caso de **Francia**, al igual que los países previamente citados, como norma general, se otorga un amplio derecho de audiencia y participación a los NNyA, respetando y preservando en su sistema legal los principios fundamentales recogidos en la Convención de los Derechos de los Niños. Los derechos de los NNyA tienen especial trascendencia en el ámbito del Derecho de familia, sobre todo en aquellos procedimientos relativos a la patria potestad, por considerar que en estos se podría vulnerar más fácilmente el interés superior de los NNyA. Cuando se proceda a la audiencia de los NNyA, esta se llevará a cabo en una sala separada con la presencia exclusiva del juez, a excepción de que el menor solicite al juez la asistencia de un letrado o una persona de su libre elección para que le acompañe. El derecho de participación y audiencia no es absoluto, ya que la propia ley establece unos parámetros específicos para determinar qué NNyA pueden ser oídos: 1) Aquellos que tengan suficiente madurez, cuestión que será valorada por el juez; 2) Que el litigio les afecte directamente.

Resulta evidente que Francia, así como los demás países mencionados con anterioridad, intentan potenciar la participación y la audiencia de los menores tanto en el ámbito del derecho de familia como en los procedimientos judiciales civiles, resaltando en todo momento la importancia de conocer sus opiniones y deseos a la hora de decidir sobre cualquier cuestión que les afecte directamente.

En el caso de **Rumanía**, se trata de un país que intenta adaptar a su sistema judicial las Directrices del Comité de Ministros del Consejo de Europa, con una justicia adaptada a los NNyA, pero, aunque en la actualidad los niños mayores de 10 años podrán ser oídos por el tribunal, siempre lo harán por medio de sus tutores o representantes legales, independientemente del grado de madurez y de su edad. Por tanto, y pese a fomentar cada vez más la participación de los NNyA en los procedimientos judiciales, se ha detectado que a día de hoy siguen sin disponer de unas técnicas de comunicación "*child-friendly*" adaptadas a las necesidades requeridas por los NNyA.

En **Letonia**, los procedimientos de familia en los que la opinión de los menores de edad sigue teniendo una importancia fundamental antes de la toma de cualquier decisión. El juez, según su criterio, podrá citar a los NNyA a una sesión judicial previa cuando considere que la cuestión litigiosa puede incidir negativamente en la vida personal del niño. Pese a no fijarse unos parámetros bajo la ley letona relativos al derecho de audiencia y participación de los NNyA, se establece que los NNyA deberán ser oídos cuando sean capaces de formular opiniones propias, independientemente de la edad que tengan.

Dinamarca, pese a ser considerado uno de los países más innovadores, presenta ciertos "déficits" en cuanto a la participación y la audiencia de los NNyA en los distintos procesos judiciales. La propia ley danesa no regula ningún aspecto relativo a las audiencias de los menores de edad; es por esa razón que, en defecto de norma, la intervención de los NNyA dependerá únicamente de la discrecionalidad del juez. Previamente a emplazar a los NNyA al juzgado para ser oídos, los progenitores o los tutores legales deberán dar su consentimiento para que estos puedan ser oídos en el seno de un proceso judicial. Los jueces no disponen de unas técnicas de comunicación específicas adaptadas a los NNyA, así como tampoco de unos expertos cualificados para guiar a los menores y hacer que se sientan más seguros y cómodos a la hora de transmitir sus opiniones y sus deseos. En la práctica, y en la mayoría de las ocasiones, el juez no brinda a los NNyA el derecho de participación y de audiencia en los procedimientos judiciales, quedando de esta forma totalmente excluidos de los mismos. En los procedimientos de familia, sobre todo en los temas relativos a la responsabilidad parental, se les otorgan unos mayores derechos de audiencia, pudiendo expresar los NNyA sus deseos en una sala aparte con el juez y un técnico auxiliar, atendiendo, en todo momento, a la edad y al grado de madurez de los niños.

Se ha podido comprobar, por medio de estos estudios llevados a cabo por la Comisión Europea, que una gran parte de los Estados miembros de la UE han incorporado en su normativa interna los derechos de participación y de audiencia de los NNyA que recoge la Convención de los Derechos de los Niños. No obstante, pese a ser objetivo de la UE fomentar la implementación de estos derechos en un plano igualitario en todos los Estados miembros, se puede observar que varios países, como podría ser el caso de Croacia y Malta, siguen estando en vías de desarrollo, sin incluir de una forma activa la participación de los NNyA en sus procesos judiciales.

En **Malta**, el derecho de los menores a ser oídos es bastante limitado, ya que no dispone de técnicas de comunicación adaptadas a las exigencias de los niños, así como tampoco de parámetros para determinar qué NNyA están capacitados para participar en los procedimientos judiciales. En la actualidad, se intenta fomentar la intervención de los NNyA mayores de 14 años en aquellas cuestiones relativas a la patria potestad, así como en aquellas decisiones que vayan en contra del interés superior de esos NNyA. Malta está trabajando para que los NNyA puedan participar y ser oídos automáticamente en los procedimientos de separación y divorcio; no obstante, al no existir ninguna normativa que regule este aspecto, resulta complicada la implementación de este derecho, ya que actualmente dicha decisión depende única y exclusivamente de la discrecionalidad del juez.

De igual modo, **Croacia** tampoco dispone de ninguna ley o regulación legal que trate sobre las audiencias de los menores, quedando esta totalmente sujeta a la discrecionalidad del juez que esté llevando el proceso. Asimismo, no disponen de ninguna regla procedimental que verse sobre estas audiencias, de modo que, tanto la iniciación como el desarrollo de las audiencias serán decididas no solo por el juez, sino también por los trabajadores sociales y/o representantes legales.

Italia no reconoce tan ampliamente el derecho de audiencia y participación de los NNyA en los procedimientos de familia como otros Estados miembros de la UE, siendo la única excepción a la norma general la audiencia en los procesos de divorcio. No obstante, ya desde el año 1997 el Tribunal Supremo italiano declaró que los niños mayores de 12 años deberán ser oídos en los supuestos en que se quiera llevar a cabo su adopción.

Bélgica introdujo dos modificaciones significativas en cuanto al derecho de audiencia de los NNyA tras la Convención de los Derechos de los Niños, una en el año 1994 y otra posterior, en el año 1997. En el año 1994 se otorgaba el derecho de los NNyA a participar y a ser oídos en los procedimientos de familia, sin que fuese necesaria la intervención y/o presencia de los progenitores, siendo el único requisito que por medio de dicha intervención no se vulnerase el interés superior del menor. Asimismo, en el año 1997, la ley belga realizó una nueva modificación en cuanto a los procedimientos de divorcio, estableciendo que todos los NNyA, sin establecer límite de edad ni grado de madurez, debían ser oídos por el juez para conocer sus deseos e inclinaciones, con la única excepción de que estos se negasen a participar en la audiencia y lo manifestaran expresamente.

Fuera de los Estados miembros de la Unión Europea también encontramos otros criterios. Si analizamos el Derecho islámico, encontramos que las opiniones y los deseos de los niños y niñas menores de siete años resultan, a efectos del juez, totalmente irrelevantes de cara a tener que tomar una decisión en los procedimientos civiles y de familia. El Derecho islámico tiene unos criterios propios y singulares para determinar a partir de qué edad la opinión de los niños y niñas empieza a cobrar importancia en el mundo jurídico. El *shafi* y el *hanafi, dos de las fuentes principales de la jurisprudencia sunita,* establecen que la edad para que los NNyA empiecen a tener voz será a partir de los siete para los niños y los nueve para las niñas. Asimismo, en **Marruecos**, los NNyA podrán escoger a sus tutores legales con la edad de 13 años para los niños y 15 para las niñas, a excepción de que el menor de edad haya sido abandonado, ya que entonces la edad establecida será de 10 años.

Otros criterios distintos los encontramos en países iberoamericanos, como por ejemplo **Chile**, donde se ha elevado el derecho de audiencia y participación de los NNyA a rango constitucional, por considerarlo inherente a su condición de sujeto de derechos. En la Constitución Política e Infancia se hace una diferencia importante entre el derecho a ser oídos y el derecho a ser escuchados, señalando que *"El ser oído, implica que un tercero, tiene derecho a escuchar la opinión del menor; para adoptar una decisión con la mayor información posible. Por el contrario, si hablamos del derecho a ser escuchado, es el propio menor quien reclama ser oído por la persona que tendrá que decidir sobre una cuestión que le afecta, porque le interesa transmitir su parecer con la lógica finalidad de que influya de alguna manera en la persona que toma decisión[7]"*.

Sin embargo, y a pesar de integrar en sus normas internas lo establecido en la Convención de los Derechos de los Niños o lo estipulado en la Convención Americana de los Derechos Humanos, en el estudio *La voz de los niños en la Justicia de Familia de Chile*[8], donde se analizaron los criterios utilizados por los jueces para determinar en qué casos deben

---

[7] UNICEF. "Constitución Política e Infancia, una mirada desde los derechos de los niños, niñas y adolescentes en Chile", Santiago de Chile, diciembre 2017.

[8] Vargas Pávez, M., y Correa Camus, P. "La voz de los niños en la justicia de familia de Chile", Revista Ius et Praxis, año 17, Universidad de Talca, Facultad de Ciencias Jurídicas y Sociales.

participar y oír a los NNyA en los tribunales de familia, se determinó que Chile no disponía de unos criterios uniformes entre los jueces ni de unos protocolos estandarizados que establecieran unos criterios específicos para proceder en las distintas audiencias. Tal y como se desprende del presente estudio, los niños y niñas menores de cinco años son rara vez oídos en un juicio; en cambio, a partir de los siete años empiezan a tomar un poco más de participación y a partir de los 10 a 14 años la presencia de estos se suele multiplicar.

IV. Audiencia conjunta: Enfoque judicial y psicológico

1. Ventajas de la audiencia conjunta

Desde el punto de vista judicial, la audiencia conjunta de los NNyA permite al juez visualizar a todos los NNyA implicados en el conflicto familiar, conocer sus opiniones, vivencias e inquietudes en igualdad de condiciones. Ello le permitirá tener una visión de conjunto y global de las relaciones entre los NNyA procedentes de distintos progenitores. De procederse a la audiencia de uno solo de los NNyA implicados en el conflicto, el riesgo de la visión sesgada resulta evidente.

Desde la perspectiva de los NNyA, la audiencia conjunta satisface el derecho de ser oídos todos ellos y en unas mismas circunstancias de tiempo, lugar y, si se me permite la expresión, de "ritmo de la conversación". En la disposición que se me plantea como ideal, el juez y el ministerio público —cuya presencia deviene inexcusable— dirigirán la conversación entre todos los NNyA implicados, de modo que cada uno de ellos puede expresar sus opiniones y, simultáneamente, recoger las opiniones de los demás.

2. Inconvenientes de la audiencia conjunta

Desde el punto de vista legal, en la actualidad el mayor inconveniente que tenemos frente a la audiencia conjunta de NNyA es la ausencia de una práctica forense, de la que podemos aprender para corregir sus disfunciones. Soy de la opinión de que, antes de proceder a la regulación de una nueva institución jurídica, debe efectuarse un "test" de operatividad en la práctica forense, de modo que la regulación legal sea posterior a la realidad, y pueda, cuando menos, prever las incidencias o dificultades que no se acierta a vislumbrar desde el desconocimiento del funcionamiento práctico de las instituciones.

Desde el punto de vista psicológico, y en la medida en que las audiencias conjuntas suponen poner en escena a más de un NNyA, pueden aparecer riesgos tales como la mayor espontaneidad y libertad de expresión de un NNyA frente al carácter más reservado o retraído de otro NNyA. Otro de los riesgos es la exposición a la intimidad no solo ante el juez y el ministerio fiscal, sino ante los demás NNyA, particularmente los que proceden del otro progenitor.

Otra dificultad, esta de práctica forense, puede ser la propia conducción por el juez y el ministerio fiscal de la conversación entre varios NNyA, cuando entre ellos median relaciones de rivalidad o simplemente de falta de respeto mutuo. Tales relaciones conflictivas entre los NNyA pueden exteriorizarse en el desarrollo de la audiencia en forma de interrupciones en el uso de la palabra, comentarios inapropiados sobre los demás NNyA o réplicas fuera de tono.

V. Presupuestos

1. Asentimiento o conformidad de los niños, niñas y adolescentes

Las Directrices adoptadas por el Comité de Ministros del Consejo de Europa para una Justicia Adaptada a los Niños[9] señalan, en relación con el derecho del niño a ser escuchado y a expresar sus opiniones, lo siguiente:

"*44. Los jueces deben respetar el derecho de los niños a ser escuchados en todos los asuntos que les afectan o, como mínimo, a ser escuchados cuando se considera que disponen de un nivel de comprensión suficiente de los asuntos en cuestión. Los medios utilizados para este fin deben estar adaptados al nivel de comprensión del niño y a su capacidad para comunicarse y tener en cuenta las circunstancias particulares del caso*".

Y añade específicamente: "*Debe consultarse a los niños la forma en la que desean ser escuchados*".

El punto 46 especifica que "*El derecho a ser escuchado es un derecho del niño, no un deber*".

Por último, y por lo que aquí respecta, la directriz recogida en el punto 48 señala: "*Debe facilitarse a los niños toda la información necesaria sobre cómo utilizar de manera efectiva el derecho a ser escuchado*".

La conjunción de lo anterior, unido a la necesidad de garantizar la participación de los NNyA en los procedimientos judiciales que les afecten reforzando las garantías procesales para que la misma sea efectiva, nos lleva a concluir que difícilmente el juez podrá acordar la participación de un NNyA en una audiencia conjunta si este no ha aceptado previamente su intervención en ella como forma de hacer efectivo su derecho a ser oído.

El NNyA tiene derecho a ser informado, lo que supone que el juez, en primer lugar, deberá informar al NNyA sobre su derecho a ser oído y consultarle, de forma que le sea comprensible, acerca de si desea ejercer dicho derecho. En el caso de que el NNyA manifieste su voluntad de ser escuchado, y en la medida en que el NNyA debe ser consultado acerca de la forma en que quiere ejercer ese derecho, el juez deberá informarle acerca de la posibilidad de ejercerlo individualmente o de forma conjunta, asegurándose de que el NNyA comprende la diferente dinámica de una u otra forma de llevar a cabo su audiencia. Nos inclinamos por pensar que únicamente en el caso de que el NNyA muestre su conformidad con ejercer su derecho a ser escuchado de forma conjunta, la audiencia podrá llevarse a cabo de este modo.

El presupuesto analizado del necesario asentimiento del menor entronca, por un lado, con la cuestión relativa a si el niño tiene capacidad psicológica para decidir si prefiere ser entrevistado en una audiencia múltiple o individual.

Por otro lado, la necesidad de asentimiento conduce a plantearnos dos cuestiones: ¿Cómo y en qué momento debe recabarse la conformidad del NNyA para llevar a cabo la audiencia

[9] Adoptadas por el Comité de Ministros el 17 de noviembre de 2010 en la reunión n.º 1098 de Adjuntos de los Ministros.

conjunta? ¿Qué consecuencias deberá dar el juez a la negativa de un NNyA a participar en una audiencia conjunta?

A) Forma de recabar el asentimiento o la conformidad del niño, niña y adolescente a la audiencia conjunta

La primera posibilidad es que el juez recabe el asentimiento de los NNyA el mismo día señalado para la celebración de la audiencia, una vez esta haya empezado y en la fase inicial de información. Así, además de informar a los NNyA acerca del contexto y finalidad de la audiencia, debería plantearles la posibilidad de ejercer su derecho a ser oído de forma individual o de forma conjunta, e indagar su parecer al respecto.

Que sea el juez quien recabe de esta forma el consentimiento tiene la ventaja de que este, gracias a la inmediación, se asegura de que los NNyA han comprendido la diferencia de una forma u otra de ser oídos y de que muestran su opinión sin posibles influencias externas. Presenta, sin embargo, el inconveniente de que, si alguno o algunos de los NNyA se oponen a la audiencia conjunta, el tiempo de estancia en el juzgado de los menores citados podría alargarse a la espera de que las diferentes audiencias se fueran practicando.

El referido inconveniente podría quedar solventado indagando la voluntad de los NNyA con carácter previo a la celebración de la audiencia conjunta. A tal fin, el juzgado podría interesar de los letrados de cada una de las partes que presentaran escrito manifestando la conformidad o no de los NNyA con la práctica de la audiencia múltiple[10]. Ello facilitaría la planificación de la o de las audiencias, aunque se corre el riesgo de que la voluntad de los NNyA no fuera manifestada con la misma espontaneidad que si se opta por la anterior solución.

Aun cuando parece que la primera solución presenta más ventajas sobre el papel, debería ser la práctica y la experiencia judicial la que permitiera extraer conclusiones acerca de la mejor manera de proceder.

B) Consecuencias del asentimiento o de la negativa de algún niño, niña o adolescente a la práctica de la audiencia conjunta

La audiencia de los NNyA podrá llevarse a cabo de forma conjunta en el caso de que todos los NNyA que deben participar en ella se hayan mostrado conformes.

Sin embargo, sí suscita dudas el supuesto de que uno de los NNyA (o varios de ellos) manifestara al juez su oposición a ser oído de forma conjunta y los efectos que dicha negativa deberían tener en la forma de practicar la audiencia respecto del resto. Se plantean entonces distintas posibilidades.

Ya hemos dicho que no nos parece adecuado celebrar una audiencia conjunta con un NNyA que ha manifestado su desacuerdo con ser oído de esta forma. Esta postura nos parece la más acorde con las Directrices del Comité de Ministros del Consejo para una Justicia Adaptada a los Niños cuando, en relación con los principios fundamentales en los que aquellas se basan, afirma: "*Dignidad. Los niños deberán ser tratados con cuidado, sensibilidad,*

---

[10] Cabe recordar que tanto el art. 12 de la Convención de las Naciones Unidas sobre los Derechos del Niño, de 20 de noviembre de 1989, como el art. 9 LO 1/1996, de 15 de enero, de Protección Jurídica del Menor, permiten recabar la opinión del menor por medio de un representante.

equidad y respeto a lo largo de cualquier procedimiento o caso, prestando especial atención a su situación personal, bienestar y necesidades particulares".

En cualquier caso, parece evidente que tal oposición quebraría el necesario clima de confianza que debería presidir la audiencia para que el NNyA pudiera expresar su opinión libremente.

Descartada la intervención en la audiencia conjunta del NNyA que se ha opuesto, el juez podría optar por escuchar individualmente a todos y cada uno de los NNyA, o bien por celebrar la audiencia conjunta con aquellos NNyA que se hubieran mostrado favorables a ella explorando, en este último caso, individualmente al que se hubiera opuesto a formar parte de la misma. Cabe, por último, la posibilidad de que, por las circunstancias del caso, ante la negativa de uno de los NNyA a la audiencia conjunta, el juez valorara que la audiencia conjunta hubiera dejado de tener virtualidad para esclarecer los aspectos concretos que la dotaban de valor, lo que, en definitiva, podría conducir a la audiencia individual de todos los NNyA, incluso de los que sí hubieran mostrando inicialmente su conformidad con la audiencia conjunta.

VI. Modalidades

Planteamiento y alternativas

Plantearse la posibilidad de celebrar audiencias conjuntas implica tratar de visualizar distintas posibilidades de materializarla con el fin de alcanzar y potenciar sus ventajas en los términos indicados en otro epígrafe de este capítulo y, al mismo tiempo, tratar de minimizar los posibles inconvenientes.

Debe tenerse en cuenta que la audiencia múltiple permite visualizar la interacción relacional de cada uno de los NNyA entre sí, aporta pautas sobre la integración del menor en ese conjunto, así como de su vivencia en esa nueva realidad familiar que supone la familia reconstituida. Frente a ello, la audiencia individual se centra en la identidad individual de cada uno de esos NNyA. En definitiva, una y otra forma de practicar la audiencia, lejos de excluirse, pueden complementarse aportando diferente y valiosa información.

Nos planteamos dos posibles secuencias o tiempos para llegar a la audiencia conjunta que exponemos a continuación.

A) La declaración conjunta acordada en primer lugar

En este caso, el juez, valorada por las circunstancias del caso la conveniencia de celebrar la audiencia de los NNyA conjuntamente, procedería directamente a convocarla.

En el caso de que todos los NNyA prestaran su conformidad, la audiencia conjunta se celebraría con todos ellos, de forma que habrían ejercido de esta forma su derecho a ser oídos en el procedimiento.

La celebración de la audiencia múltiple en primer lugar puede ser especialmente beneficiosa; además, en el caso de NNyA especialmente retraídos a los que les cuesta separarse de la figura parental, la audiencia múltiple puede tener un especial efecto de "romper el hielo" que permita establecer un mejor clima de confianza con ese menor.

Esto entronca con la siguiente cuestión; el caso de que, pese al asentimiento prestado por todos los NNyA a ser oídos conjuntamente, el juez o el ministerio fiscal observaran durante la audiencia que alguno o algunos de los NNyA se han mostrado retraídos, manteniéndose prácticamente en silencio o, yendo más allá, que, pese a no llegar a verbalizarlo, se han mostrado claramente disconformes con lo expresado por otros menores. Esa actitud de los menores durante la audiencia múltiple puede venir condicionada por su temperamento, por la diferencia de edad, por prudencia social o por cualquier otra circunstancia. En uno y otro caso, se le podría plantear al juez la necesidad de volver a citar a dicho NNyA a una posterior audiencia individual con el fin de garantizar de forma efectiva su derecho a ser escuchado, aun cuando ello podría conllevar el riesgo de sobreexposición del NNyA al tener que ser nuevamente entrevistado.

B) La declaración conjunta acordada después de la individual

Con el fin de evitar la anterior situación nos planteamos la posibilidad, como práctica forense, de mantener las audiencias individuales de los NNyA y, únicamente tras la práctica de todas ellas y cuando el juez intuyera –a la vista de su resultado– que la audiencia conjunta podría aportar datos adicionales relevantes, acordar la audiencia de todos o solamente de aquellos NNyA que pudieran contribuir a dar al juez una visión de conjunto más allá de las entrevistas individuales.

Constituye un supuesto concreto en el que el juez podría considerar conveniente la práctica de la audiencia múltiple tras las entrevistas individuales los casos en los que este, a la vista de la información obrante en las actuaciones, entendiera que se desprende la existencia de indicadores de que hay en la familia reconstituida una fuente de malestar, es decir, alguna dificultad constatada.

De esta forma, quedaría salvaguardado el derecho de todos los NNyA a expresar su opinión de forma efectiva y el juez podría contar con más elementos para valorar la conveniencia y la oportunidad de la audiencia múltiple citando, incluso, solamente a ella a los NNyA que considerara más relevantes para aportar una visión de conjunto de circunstancias relevantes que ya hubieran aflorado a lo largo del procedimiento.

VII. Práctica de la audiencia conjunta

1. Las buenas prácticas judiciales en las audiencias conjuntas

Damos aquí por reproducidas las buenas prácticas judiciales[11] para cualquier audiencia de NNyA, y que resumimos de modo sintético en los siguientes términos:

i) Señalamiento: Procurar que interrumpa lo menos posible la actividad escolar del NNyA y prever una duración razonable, no inferior a 20 minutos y previsiblemente no superior a 45 minutos.

---

[11] Abel Lluch, X. *La prueba en los procesos de familia*, La Ley, pág. 200, en el que enumeramos un decálogo de buenas prácticas en la audiencia de los NNyA.

ii) De lugar: Procurar un entorno amigable, fuera de la sala de vistas, como pueden ser una sala polivalente, allí donde existan, y la cercanía entre el juez y el NNyA.

iii) De modo: Evitar la utilización de la toga y el lenguaje infantiloide.

iv) De intervención: Con intervención preceptiva del ministerio fiscal y, si fuera preciso levantar acta escrita, del letrado de la Administración de Justicia.

v) De protocolo de acogida: Con identificación de los asistentes e información previa, adecuada a la edad y comprensión del NNyA, de la finalidad y desarrollo de la audiencia, así como de los derechos –y en particular el derecho de no expresar su opinión o no responder a alguna/s de las preguntas– que le asisten.

vi) De desarrollo cronológico del acto: Iniciar conversación con temas periféricos (aficiones, *hobbies*, deportes que practica, etc.) para crear un buen *rapport*, y seguir por las rutinas (cotidianeidad de un día entre semana y un día de fin de semana).

vii) De desarrollo del acto: Mantener una actitud de escucha activa, evitar interrupciones, soslayar preguntas directas y respetar silencios, particularmente en episodios de tensión emocional.

viii) De desarrollo del acto: Concebir la conversación como una situación interactiva no rígidamente predeterminada, en atención al grado de madurez del NNyA y su estado emocional, y en función de la información que desee suministrar o silenciar el NNyA.

ix) De protocolo de despedida: Finalizar la conversación con un tema neutro y que resulte del agrado del NNyA (por ejemplo, deporte, afición, etc.), transmitiéndole la satisfacción por haberle conocido.

x) De constancia de la audiencia: Sea mediante grabación, sea mediante acta o, simultáneamente, por ambos medios para permitir su revisión por un órgano distinto y superior.

Todas las anteriores prácticas son, obviamente, aplicables a la audiencia conjunta de los NNyA, pero nos vamos a detener, en particular, en el protocolo de acogida.

En particular, el protocolo de acogida

El protocolo de acogida es esencial para conseguir un buen *rapport* con los NNyA con los que tendrá lugar la audiencia conjunta[12].

Vamos a desarrollar las siguientes pautas:

i) Tiempo de espera: La dinámica de un juzgado no es matemática, pero en la medida de lo posible se debe procurar evitar los tiempos de espera demasiado dilatados, pues tales esperas se producen en los pasillos o salas de espera de los juzgados, que constituyen un contexto ansiógeno para los NNyA.

Para mitigar el "efecto espera" puede resultar útil efectuar el señalamiento de las audiencias de los NNyA a modo de primer señalamiento, para evitar el retraso acumulado de señalamientos previos.

---

[12] Arch Martín, M. (2019) "Protocolo de acogida del menor en la audiencia", en *La audiencia del menor en los procesos de familia* (X. Abel Lluch, coord.), Madrid, **sepín**, págs. 31 a 36.

ii) Primer contacto con los NNyA: Aun cuando la mayoría de los jueces toman ya contacto con los NNyA en la sala donde se va a practicar la audiencia, siendo los NNyA conducidos a dicha sala por el auxilio judicial u otro funcionario del juzgado, otros jueces optan por ser ellos mismos quienes saluden y tengan el primer contacto con los NNyA en el pasillo o sala de espera del juzgado.

Una veterana jueza de familia, al responder a la pregunta de qué enseñanza había extraído a partir de las audiencias de los NNyA, destacaba, entre otras:

"He aprendido la importancia de observar. Siempre suelo acudir a recogerlos y observó lo que me encuentro. Con quién han venido, cómo se comportan antes de venir conmigo y cómo actúan las personas que les acompañan"[13].

iii) Espacio físico: Siempre que sea posible, el entorno de la conversación deberá ser amigable, procurando que, cuando sean varios los NNyA, se sitúen de manera que puedan mantener un contacto visual lo más directo posible.

En un entorno ideal, lo deseable sería una mesa circular en que todos pudieran mantener el contacto visual. Si no se dispone de este espacio físico, y se trata de una mesa rectangular, lo ideal es que el juez y el ministerio fiscal se sitúen frente a frente y los menores a su lado.

Otras veces, obviamente, los entornos vendrán condicionados por las propias disponibilidades de espacio físico del juzgado, en los que el juez —en cuanto entrevistador o director de la conversación— deberá procurar la distribución que estime más oportuna, favoreciendo la cercanía con el NNyA. En algunos palacios de justicia, que albergan audiencias provinciales, y ante la inexistencia de salas polivalentes o entornos amigables, los magistrados han optado por practicar la audiencia de los NNyA en la biblioteca.

iv) La información previa a los NNyA: No es oportuno iniciar la conversación directamente sin suministrar una información previa a los NNyA, que, cuando menos, debe comprender los siguientes aspectos:

– Presentación de los asistentes: Por sus nombres y su función, procurando que los NNyA identifiquen a los distintos intervinientes —juez, fiscal, letrado de la Administración de Justicia— y la labor que van a desarrollar durante la conversación.

– Finalidad del acto: Conocer sus opiniones, inquietudes, vivencias sobre el conflicto familiar, informando expresamente de que, a partir de los 12 años, la audiencia es preceptiva.

– Se les debe informar también de que su opinión no resulta vinculante y que es el juez quien toma la decisión, para liberarle de presión.

– Se les ha de informar de que tienen derecho a no hablar, esto es, a no explicar alguna cuestión que les pueda resultar incómoda o, simplemente, a no hablar en absoluto, si así lo desean.

– Se les debe informar de que de la conversación se extenderá un acta y/o una grabación.

---

[13] Pérez Salazar-Resano, M. (2020) "Palabras, gestos y silencios", en *Lo que he aprendido de las niñas y los niños* (X. Abel Lluch y F. Fariña Rivera, coords.), Andavira, pág. 183.

– Se les informará de que el acta recogerá lo "esencial" de la conversación y que se dará traslado a los letrados[14].

Dado que la audiencia de los NNyA puede producirse entre mayores y menores de 12 años, esto es, con NNyA de distinto nivel de madurez e incluso distinta velocidad de comprensión, el juez deberá velar para que toda esta información previa resulte debidamente procesada.

v) Las reglas de la conversación: Son pautas más bien formales en aras de un desarrollo formal de la conversación, tales como, entre las más destacadas, que es el juez quien dirige la conversación, el respeto a los turnos de intervención, evitar interrumpir a quien esté en uso de la palabra, respetar, si se produjeron, los silencios, utilizar un tono y unas expresiones adecuadas al contexto.

2. Posibles escenarios

Los escenarios de la audiencia conjunta pueden ser múltiples, pero en este epígrafe vamos a simplificar tres posibles escenarios, en función de que la audiencia tenga lugar entre los llamados "menores maduros" (16-17 años), entre NNyA de más de 12 años (12-15 años) y entre NNyA de edades dispares (mayores y menores de 12 años).

A) Audiencia de "menores maduros" (16-17 años)

Lo más relevante de este tipo de audiencia es que los jóvenes, por su propia experiencia personal en la familia originaria y en la familia reconstituida, tengan ya unos posicionamientos previos predeterminados en función de su vinculación con la familia originaria (padre y madre biológicos) y con los vínculos creados con la familia reconstituida, en particular con las nuevas parejas del padre o madre biológico.

No puede obviarse que, incluso en algunos casos, como puede ser en procesos de modificación o de ejecución, e incluso en el primer divorcio, estos NNyA pueden haber sido ya oídos por el equipo técnico judicial o por psicólogos que emiten informes a instancia de alguna de las partes, por lo que pueden ir más preparados a la audiencia.

B) Audiencia de mayores de 12 años (12-15 años)

Antes que nada, diremos que los rasgos que caracterizan a la etapa adolescente (12-18 años) son: Desprenderse de la identidad y dependencia de la niñez, la rebelión contra las normas de los adultos, el seguir la moda de sus iguales, al final de la etapa establecen sus propios valores y generan sus expectativas de futuro y, en casos de ruptura, deben responder a las demandas de convivencia de padres separados[15].

Sin perjuicio de las características propias de cada NNyA, en esta audiencia es de esperar que alguno de los NNyA acuda con una idea de lo que desean transmitir (o, en su caso, no desean transmitir), y alguno o algunos de ellos ya empiecen a tener un posicionamiento previo (a favor de ambos o de uno u otro progenitor).

---

[14] Esta resulta la interpretación más acorde con la STC de 9 de mayo de 2019 que, aun cuando referida a la constitucionalidad del art. 18.4.º LJV, se viene extendiendo también a los procesos contenciosos.

[15] "Guía de criterios de actuación judicial en materia de custodia compartida del CGPJ", 2020.

En el plano sustantivo, es más fácil que afloren las rivalidades o conflictos subyacentes entre los NNyA derivadas de la convivencia. Como regla general, sin perjuicio de la innumerable casuística, en la medida que tales NNyA ya tienen sus propios valores y desean desprenderse de la etapa de la niñez, es de suponer que acudan a la audiencia más predispuestos a expresar sus opiniones.

C) Audiencia de mayores y menores de 12 años

Igualmente, y antes de nada, diremos que el rasgo que caracteriza a la etapa de los niños de 8 a 12 años es que surge en estos niños y niñas un fuerte sentimiento de solidaridad familiar, buscando y aceptando todavía las interpretaciones de sus progenitores sobre la moral y la sociabilidad. El divorcio es cosa de los progenitores. Prima el sentido de lealtad a la familia y puede castigarse al progenitor que toma la iniciativa de la ruptura[16].

La dificultad de estas audiencias, especialmente en el supuesto de que medien varios años entre los NNyA, es que el más mayor ejerza un liderazgo, explícito o implícito, que retraiga al de menor edad y que este último adopte una posición de sumisión o se abstenga de expresar con mayor espontaneidad y naturalidad sus opiniones y vivencias. En términos más llanos, que el de menor edad resulte cohibido o solo transmita las opiniones y vivencias que no desagraden al de mayor de edad, respecto del cual puede sentir una suerte de temor reverencial.

En todo caso, si las franjas de edades fueren muy dispares, y el juez advirtiera posiciones de liderazgo por parte de los mayores o de sumisión por parte de los menores, deberá intentar paliar tales escenarios y procurar que todos se expresen con la mayor espontaneidad posible.

VIII. Documentación de la audiencia conjunta

La documentación de la audiencia conjunta, como la de la audiencia individual de un solo NNyA, puede efectuarse a través de la grabación y/o del acta.

El sistema de la grabación de la audiencia conjunta permite la reproducción más fiel de la conversación, en la medida en que se evitan los errores de transcripción o de selección de los aspectos más relevantes de la conversación por el letrado de la Administración de Justicia que extiende el acta. Permite, además, la percepción del lenguaje verbal y del no verbal, así como también, y en su caso, de los silencios.

No existe el deber legal, cuando menos con las normas procesales vigentes, de dar traslado de la grabación a los letrados. La grabación de la audiencia de los NNyA permanecerá para su visionado por el juez que deba dictar la resolución y, en su caso, para los órganos de enjuiciamiento superiores que deban revisar tal resolución, en el supuesto de ser recurrida.

El sistema de documentación por acta, en palabras de la STC de 9 de mayo de 2019, debe recoger "*aquellas manifestaciones del menor imprescindibles por significativas, y por ello estrictamente relevantes, para la decisión del expediente*". Lo significativo y relevante de las manifestaciones de cada NNyA.

---

[16] "Guía de criterios de actuación judicial en materia de custodia compartida del CGPJ", 2020.

En el Proyecto de Ley Orgánica de Protección Integral de la Infancia y la Adolescencia se contiene aun una redacción más precisa y señala: "*Del resultado de la exploración se levantará en todo caso, acta por el Letrado de la Administración de Justicia, expresando los datos objetivos del desarrollo de la audiencia, en la que reflejará las manifestaciones del niño, niña o adolescente imprescindibles por significativas, y por ello estrictamente relevantes, para la decisión del expediente, cuidando de preservar su intimidad*" (Disposición Final Decimotercera).

Este inciso final, el de "*cuidar de preservar la intimidad*" del NNyA, no resulta baladí, dado que la misma expresión, que no figura ni en la LEC ni en la LJV, se recoge expresamente en el art. 9.1.II LOPJM, y no podemos obviar que, en el desarrollo de una audiencia, por la propia naturaleza del conflicto familiar o por la propia espontaneidad con que se expresa el NNyA, pueden salir a relucir aspectos que afecten a su intimidad. Ítem más, esa especial función tuitiva del juez por la intimidad del NNyA resultará tanto más importante cuanto más sea el número de NNyA que intervengan en la medida que la intimidad de cada uno de ellos queda al descubierto ante los demás NNyA con quienes conviven y que pueden trasladar el contenido de la audiencia a sus progenitores.

En el caso de la audiencia conjunta de NNyA, y dado que el acta se extiende por el propio letrado de la Administración de Justicia a medida que discurre la audiencia, la principal dificultad puede radicar en individualizar las manifestaciones específicas de cada NNyA para su adecuado reflejo en el acta. A tal efecto, se pueden recoger las manifestaciones en el orden en que se expresan, identificando al NNyA a quien se atribuyen, o bien efectuar una reelaboración del acta, ordenando las manifestaciones en función de los distintos NNyA.

La negativa del niño, niña o adolescente a la grabación de la imagen

Si todos los NNyA muestran su negativa a ser grabados durante la conversación, entiendo que deberá respetarse tal negativa.

El supuesto más problemático puede ser aquel en que uno o más de uno de los NNyA muestre su negativa a ser grabado, mientras otro u otros no manifiesten tal oposición. No creo que pueda resolverse esta controversia aplicando criterios de mayorías, en el sentido de que si la mayoría de los NNyA muestra su conformidad a ser grabado se pueda producir la grabación.

Más bien considero que basta la negativa de uno solo de los NNyA a ser grabado para que deba respetarse esa negativa y, por ende, no se realice la grabación de toda la audiencia conjunta, sin perjuicio de que la documentación de la audiencia se produzca a través de la oportuna acta que extienda el letrado de la Administración de Justicia.

En tal supuesto, la invocación del derecho a la intimidad personal (art. 18.1 CE) es una garantía constitucional que, además, afectando a un menor de edad, adquiere singular relevancia. Tampoco cabe esperar que los restantes NNyA manifiesten su voluntad de ser grabados. Y se salvaguarda el derecho de defensa del letrado si se le da traslado del acta que se extienda al efecto para efectuar sus alegaciones en trámite de conclusiones.

IX. Valoración judicial de la audiencia conjunta

1. Criterios judiciales de valoración de la audiencia

La doctrina judicial ha venido estableciendo criterios para la valoración de la audiencia de los NNyA, afirmando que "*para que el deseo del menor con suficiente juicio sea atendido es necesario: a) que su opinión sea libremente emitida y su voluntad correctamente formada no mediatizada o interferida por la conducta o influencia de alguno de los padres; b) que sus razones sean atendibles por no venir inspiradas en criterios de comodidad o bienestar a corto plazo, c) que no venga desaconsejada por la especial incidencia de otros criterios con los cuales, según la norma, debe ser ponderada conjuntamente la opinión de los menores*" [STSJ Cataluña, Sala de lo Civil y Penal, Sección 1.ª, de 9 de enero de 2014 (ROJ: STSJ CAT 5/2104; ECLI:ES:TSJCAT:2104:5), y STS de 15 de enero de 2018 (ROJ: STS 41/2018; ECLI:ES:TS:2018:41)], habiéndose precisado que su opinión "*será más trascendente cuando mayor sea su madurez*" [STSJ Cataluña, Sala de lo Civil y Penal, Sección 1.ª, de 12 de enero de 2017 (ROJ: STSJ CAT 486/2017; ECLI:ES:TSJCAT:2017:486)].

Se ha precisado acertadamente que no constituye un medio de prueba, sino como el derecho del menor a ser escuchado antes de que por la autoridad competente se tome una decisión que le pueda afectar [SAP Barcelona, Sección 12.ª, 83/2015, de 17 de febrero (ROJ: SAP B 1766/2015; ECLI:ES:APB:2015:1766)]. No debe confundirse dicho derecho con el de decidir, pues no puede delegarse en el menor la decisión de la modalidad de guarda en un proceso judicial en el que los padres están enfrentados [SAP Barcelona, Sección 18.ª, 302/2014, de 7 de mayo (ROJ: SAP B 5280/2014; ECLI:ES:APB:2014:5280)]. El objetivo de la diligencia de audiencia del menor es la comprobación por el juez o el tribunal de todo un conjunto de circunstancias, generalmente subjetivas, y la percepción directa de la situación en la que se encuentra el menor, para alcanzar la conclusión de lo que puede ser de mayor beneficio para el mismo. No siempre coincide el interés objetivo del menor con lo que este verbaliza [SAP Barcelona, Sección 12.ª, 657/2013, de 19 de septiembre (ROJ: SAP B 9769/2013; ECLI:ES:APB:2013:9769)].

2. Criterios específicos de valoración de la audiencia conjunta

Además de estos criterios judiciales de valoración, y como particularidades de las audiencias conjuntas, se pueden añadir los siguientes:

i) El número de NNyA participantes, en particular si se ha tratado de la audiencia de dos NNyA o de más de dos NNyA.

En un plano teórico, podría afirmarse que el mayor número de intervinientes puede favorecer la mayor espontaneidad del más extrovertido y el mayor retraimiento del más reservado.

ii) El estado emocional de los NNyA al verse implicados en una diligencia judicial en presencia de otros NNyA con los cuales convive a diario.

La psicología de cada NNyA responde de manera diferente al tener que afrontar una audiencia entre las mismas personas con quienes va a convivir después de la audiencia.

iii) El dato de si alguno de los NNyA implicados ya había tenido la experiencia previa (en un anterior proceso) de una audiencia y tenía mejor asimiladas las reglas de la conversación.

El NNyA que acude por segunda vez a una audiencia judicial tiene la experiencia personal del desarrollo de la primera experiencia y, a poco que reflexione sobre la misma, será más consciente de lo que prefiere manifestar o, simplemente y en el extremo opuesto, de lo que prefiere silenciar.

iv) El grado de madurez de los NNyA implicados, especialmente si intervienen menores de 12 años.

En las audiencias de menores de 12 años y en las que intervienen mayores de esa edad, no puede obviarse el factor "temor escénico" a la opinión del menor de mayor de edad.

v) El grado de espontaneidad mostrado durante la audiencia, particularmente en aquellos supuestos en que se trata de NNyA en franjas diferenciadas de edad.

La espontaneidad de las manifestaciones es un indicio de veracidad de las mismas.

vi) Las previas relaciones existentes entre los NNyA, especialmente de rivalidades o conflictos anteriormente acreditados.

vii) Las previas relaciones existentes entre los NNyA y las nuevas parejas de sus progenitores, de existir constancia fehaciente de las mismas.

Este extremo puede acreditarse a través de dictámenes psicológicos, sean a instancia de parte o del equipo técnico judicial. Resulta significativo el vínculo y grado de aceptación del NNyA con las nuevas parejas del padre/madre.

viii) La percepción de la sumisión de algún o algunos NNyA al liderazgo de otro u otros.

Puede resultar un escenario habitual que el menor de 12 años o el próximo a los 12 años acepte acríticamente el liderazgo de un menor maduro, esto es, de 16 años o más, ya próximo a la mayoría de edad.

Declaración testifical de las nuevas parejas en procesos de familia

Xavier Abel Lluch

Magistrado-Juez del Juzgado de Primera Instancia n.º 14 de Barcelona. Doctor en Derecho

I. Introducción

El creciente aumento de la cifra de divorcios, así como de familias reconstituidas, ha comportado que, en la práctica forense, cada vez con mayor frecuencia, se proponga como prueba testifical a la nueva pareja o cónyuge de un progenitor/a, normalmente asociada a procesos de modificación de medidas definitivas.

En este breve estudio se analiza la testifical de las nuevas parejas desde una triple perspectiva. La del juicio de su admisión, con aplicación de los criterios de pertinencia y utilidad. La de la práctica en el acto de la vista, tomando en especial consideración si concurre o no algún motivo de tacha y cómo deberían formularse las generales de la ley. Y la de su valoración, atendiendo, conforme prescribe el art. 376 LEC, a los tres criterios admonitivos de la razón de la ciencia, las circunstancias concurrentes y, en su caso, la tacha y el resultado de la prueba sobre la misma.

II. Alcance de la expresión "nuevas parejas"

Afirman los psicólogos que el lenguaje crea realidad y apostillan los juristas que la terminología jurídica debe ser precisa. En la práctica forense se propone, con frecuencia, la declaración testifical de las "nuevas parejas", siendo necesario acotar el alcance de tal expresión.

En una primera aproximación, casi intuitiva e inmediata, la "nueva pareja" hace referencia al progenitor/a que ha vuelto a entablar una nueva relación, una vez extinguida la anterior.

Más precisamente, la "nueva pareja" alude al progenitor/a que, una vez extinguida una anterior relación, forma una familia reconstituida y convive de manera estable –con vocación de permanencia– y continua –no meramente temporal– con otra pareja y con un proyecto de vida en común, sea mediante la formalización de matrimonio o de pareja estable.

Para que podamos hablar de "nueva pareja", por tanto, se requiere:

i) Existencia de una anterior relación, en forma de matrimonio o de pareja estable. La "nueva pareja" precisa de una previa pareja, unida con vínculo matrimonial, o una unión de pareja estable.

ii) Disolución del anterior matrimonio o extinción de la convivencia de la primera pareja estable. La previa pareja, en matrimonio o en unión estable, debe haber finalizado.

iii) Constitución de una familia reconstituida, con o sin vínculo matrimonial, pero con vocación de estabilidad y permanencia en el tiempo. Lo relevante es la estabilidad y continuidad de una relación afectiva, de la que resulte un proyecto de vida en común.

La "nueva pareja" comporta la creación de vínculos afectivos, entre los propios sujetos de la nueva pareja, pero también entre este/a ("nueva pareja") y los hijos del otro progenitor, que no deben hacer perder de vista los vínculos biológicos originarios y afectivos de los hijos respecto de sus progenitores. Resulta oportuno traer a colación la SAP Barcelona de 17 de abril de 2008, en la que se afirma, con la vista puesta en los hijos menores, la necesidad de distinguir entre los roles de los padres biológicos y de las nuevas parejas de uno u otro progenitor, en los siguientes términos:

"*Al respecto, la Sala quiere significar que, entre las varias funciones del progenitor custodio se encuentra la de lograr, fomentar y potenciar la relación de los hijos con el otro progenitor, para que así estos, con la triangulación absolutamente necesaria puedan lograr un adecuado desarrollo psicológico de su personalidad. El/la/los/las hijo/a/os/as debe/n conocer e interiorizar las figuras que corresponden a sus padres biológicos, tanto la paterna, como la materna, las cuales no deben ser nunca sustituidas, ni suplantadas, por las de las nuevas parejas sentimentales de uno u otro, como, al parecer, ha acontecido en el caso examinado, pues, al permitir la madre de Mariana, que dijera «papa» a su actual pareja, no ha hecho sino coadyuvar a mantener la confusión relacional de la hija, por lo que se refiere a un dato tan trascendente, como es, el saber, sin duda alguna, quién es realmente su padre biológico, pues, no puede olvidarse, ni ignorarse, y ello se insiste, por ser fundamental, tal como ha explicitado la psicóloga Sra. Estela en el acto de la vista de la apelación, que cada persona tiene un rol concreto dentro de la familia, el cual debe quedar fijado y establecido con absoluta claridad para la menor, quien debe asimilar que los respectivos compañeros sentimentales de sus progenitores, por bien que actúen correctamente y muestren cariño hacia ella, no son más que la nueva pareja de su padre o de su madre biológica y que estos últimos, tanto uno, como otra, nunca dejarán de ser, ni perderán la condición de progenitores*"[1].

III. La proposición de la prueba testifical

1. Momento procesal

Puede proponerse en la primera instancia y en la segunda instancia la declaración testifical de la "nueva pareja".

[1] SAP Barcelona, Sección 18.ª, 272/2008, de 17 de abril (ROJ: SAP B 1590/2008; ECLI:ES:APB:2008:1590).

En la primera instancia puede proponerse en el acto de la vista, en la fase de proposición oral de los medios de prueba, acompañándose una minuta escrita de proposición de prueba.

También podrá interesarse la citación judicial de la "nueva pareja", en cuyo caso deberá efectuarse en los cinco días siguientes a la recepción de la citación para la vista, y en el escrito de proposición de prueba la parte interesada en su citación deberá facilitar todos los datos y circunstancias precisas para llevar a cabo la citación (art. 440.1.IV LEC).

En la segunda instancia también puede interesar la práctica de la prueba testifical, haciéndose constar la proposición en el escrito de interposición del recurso de apelación, y siempre que concurra las circunstancias siguientes (art. 460.2 LEC):

1.º Prueba denegada indebidamente en la instancia y siempre que se hubiera recurrido la denegación en reposición.

2.º Prueba testifical propuesta y admitida en la instancia y que, por circunstancia no imputable al que la hubiera solicitado, no se hubiera podido practicar. Puede suceder, por ejemplo, que el día señalado para la vista en la instancia el testigo alegue una justa causa de incomparecencia (por ejemplo, enfermedad acreditada laboralmente).

3.º Prueba testifical referida a hechos de relevancia para la decisión del pleito ocurrido después del comienzo del plazo para dictar sentencia en la primera instancia o antes de dicho plazo siempre que, en este último caso, la parte justifique que ha tenido conocimiento de ellos con posterioridad (por ejemplo, testifical de la persona que pasa a convivir con alguno de los progenitores tras plazo para dictar sentencia).

Igualmente, el demandado rebelde que, por cualquier causa que no le fuere imputable, se hubiere personado en las actuaciones después del momento establecido para proponer prueba en la instancia podrá proponer en la segunda instancia que se practique la prueba testifical (art. 460.3 LEC).

En el proceso de ejecución de sentencia las partes podrán interesar la prueba testifical de la nueva pareja tanto en el escrito de oposición a la ejecución, cuanto en el escrito de impugnación a la ejecución, y en ambos casos interesando el señalamiento de la vista, que el tribunal acordará mediante providencia si la controversia no pudiera resolverse con los documentos aportados (art. 560, II LEC) y la testifical fuera pertinente y útil (art. 283 LEC).

2. Forma: La apostilla

Basta una simple ojeada a nuestra práctica forense para comprobar que, a pesar de que la declaración de las nuevas parejas puede resultar pertinente y útil, en los términos que diremos seguidamente, se aplique un criterio restrictivo en orden a su admisibilidad.

Ello obedece a las peculiaridades probatorias de los procesos de familia:

i) La relevancia de los interrogatorios de las partes en este tipo de procesos: Nadie conoce mejor de la organización doméstica y económica de una familia que los propios progenitores.

ii) La posibilidad de acordar un dictamen de especialistas a cargo de los equipos técnicos judiciales, adscritos al juzgado de familia, entendido como un dictamen pericial emitido por profesionales cualificados, a requerimiento judicial y con la metodología propia de las ciencias de la conducta humana, cuya finalidad es auxiliar al juez en la toma de decisiones con respecto a los efectos y medidas derivados del proceso de ruptura familiar, que deberá valorarse conforme a las reglas de la sana crítica[2], resultando un dictamen no necesario, pero sí conveniente, especialmente cuando se decide la custodia compartida o cuando existen relaciones tensas entre progenitores (SSTS de 7 de marzo de 2017[3] y de 27 de septiembre de 2017[4]).

iii) La posibilidad de acordar la audiencia de niños, niñas y adolescentes (NNyA) que resulta preceptiva cuando tienen más de 12 años o madurez suficiente (art. 770, regla 4, LEC) y aun cuando dogmáticamente no es propiamente un medio de prueba (STS de 15 de enero de 2018[5]), en cuanto su práctica puede ayudar a formar la convicción judicial y debe ser valorada en la resolución que se dicte (art. 9.3 LOPJM).

iv) La singular eficacia probatoria de la prueba documental para acreditar gastos e ingresos a los efectos de ajustar las prestaciones económicas al binomio de la proporcionalidad entre los ingresos del alimentante y los gastos del alimentista (arts. 237-9 CCCat y 146 CC).

De ahí la oportunidad y conveniencia de apostillar la testifical de las nuevas parejas. Siguiendo a Muñoz Sabaté, apostillar es "*el razonamiento que a veces se hace al proponer una prueba al objeto de convencer de su necesidad y evitar así una posible declaración de inadmisibilidad*". El mismo autor, y sobre la forma de efectuar la apostilla, precisa "*dicho razonamiento debiera ser en todo caso muy somero, evitando se convierta en un escrito de alegaciones y solo cuando el medio de prueba tenga una trascendencia mediata que por ello resulte amagada*"[6].

A partir de nuestra experiencia forense, y sin ningún ánimo exhaustivo, sino meramente ejemplificativo, puede resultar admisible para acreditar:

i) La contribución a los gastos de la vivienda de la familia reconstituida.

ii) La organización y reparto de tareas en la familia reconstituida.

iii) Las actividades que realiza el progenitor/a con su hijo/a fruto de la anterior relación.

iv) Algún hecho, incidente o episodio que resulte relevante a los efectos de la cuestión controvertida.

Esta apostilla de la prueba puede efectuarse en el propio escrito de proposición de prueba —especialmente cuando se interesa la citación judicial de la "nueva pareja" con anterioridad a la vista (art. 440.1, IV LEC)—, en la minuta de proposición de prueba que los letrados

---

[2] Abel Lluch, X. (2019) *La prueba en los procesos de familia*, La ley, pág. 301.

[3] STS, Sala Primera, de 7 de marzo de 2017, fundamento jurídico 2.º (ROJ: STS 851/2017; ECLI:ES:TS:2017:851).

[4] STS, Sala Primera, de 27 de septiembre de 2017, fundamento jurídico 2.º (ROJ: STS 3378/2017; ECLI:TS:2017.3378).

[5] STS, Sala Primera, de 15 de enero de 2018, fundamento jurídico 4.º (ROJ: STS 41/2018; ECLI:ES:TS:2018:41).

[6] Muñoz Sabaté, L. (1999) *Cuadernos de Probática I y II*, Banco Santander Central Hispano, pág. 49.

entregan al juez en el acto de la vista, y en el momento de la formulación oral de los medios de prueba.

A efectos prácticos, y meramente ejemplificativos, podría ser del tenor literal siguiente:

"Se propone, al amparo del art. 440.1, IV LEC, y para el acto de la vista señalado el próximo día ________________ la citación judicial del testigo siguiente:

D./D.ª ______________________________ (nombre y apellidos), con DNI ___________ (en el supuesto de que se conociera), con domicilio en _________________________ (especificar datos), que constituye desde hace cinco años la nueva pareja de D./D.ª ____________ __________________________ (nombre y apellidos del progenitor), a los efectos que, por su relación estable y continuada de convivencia con D./D.ª______________________ (nombre y apellidos del progenitor), declare sobre la organización familiar y sus medios de vida en orden a cuantificar la reducción de la pensión por alimentos que se interesa en el escrito inicial de la demanda".

"D./D.ª ____________________________ (nombre y apellidos), con DNI ____________ (en el supuesto de que se conociera), con domicilio en _________________ (especificar datos), que constituye desde hace cinco años la nueva pareja de D./D.ª_______________ (nombre y apellidos del progenitor), y que presenció los hechos ocurridos en fecha ____________ (especificar dato) en el domicilio familiar, consistente en una fuerte discusión entre _________________________ (nombre y apellidos progenitor) y su hijo/a ______________________ (nombre y apellidos), y que motivaron que el hijo/a abandonara el domicilio familiar y pasara a convivir con el otro progenitor".

IV. Juicio de admisión de la prueba testifical

1. El juicio de pertinencia (art. 281.1 LEC)

Bajo la rúbrica de la "Impertinencia o inutilidad de la actividad probatoria", el art. 283 LEC, en su apartado primero define la pertinencia en términos negativos y categóricos, con la disposición siguiente: "*No deberá admitirse ninguna prueba que, por no guardar relación con lo que sea objeto del proceso, haya de considerarse impertinente*".

Jurídicamente se entiende por pertinencia la relación que guarda el medio de prueba propuesto con el tema de prueba, resultando impertinente el medio de prueba que no guarda relación con el tema propuesto.

La STC de 10 de abril de 1985 distingue entre pertinencia y relevancia de la prueba y enumera los elementos configuradores del juicio sobre pertinencia, al afirmar:

"De todo lo que llevamos dicho hasta aquí se puede extraer la conclusión de que la pertinencia de las pruebas es la relación que las mismas guardan con lo que es objeto del juicio y con lo que constituye thema decidendi *para el Tribunal y expresa la capacidad de los medios utilizados para formar la convicción del Tribunal. Así entendida la pertinencia de las pruebas es distinta de su eventual relevancia, que consiste en el juicio de necesidad o utilidad de las mismas. Entendida la idea de pertinencia del modo que queda explicado*

–relación entre hechos probados y el thema decidendi*– surge de inmediato la cuestión de los elementos caracterizadores del juicio sobre la pertinencia. Se encuentran, entre ellos, en una primera línea de dificultad menor, el que el objeto de la prueba han de ser hechos y no normas jurídicas o elementos de derecho; el que ha de tratarse de hechos que hayan sido previamente alegados y que estén, por consiguiente, previamente aportados al proceso, y que no se trate de hechos exonerados de prueba como pueden estarlo los hechos establecidos en virtud de una presunción legal*"[7].

La pertinencia, distinta de la relevancia, deberá, por ende, versar sobre: i) hechos, ii) hechos previamente alegados y iii) hechos no exentos de prueba. En el proceso de familia, al igual que en los demás procesos declarativos, los hechos se introducen en los escritos de alegaciones (demanda, contestación a la demanda y, en su caso, reconvención) y, además de la concurrencia de la causa de divorcio o de cese de la pareja estable, van referidos a las medidas o efectos personales (responsabilidad parental, comprensiva del sistema de guarda y régimen de estancias, relaciones y contactos en el progenitor no custodio) y patrimoniales (atribución del uso del domicilio familiar, prestaciones económicas y, en su caso, división de la cosa común) derivados de la disolución del vínculo conyugal o de la extinción de la relación de pareja estable.

Otra peculiaridad del proceso de familia –extensible a todos los procesos del Libro IV ("De los procesos sobre capacidad, filiación, matrimonio y menores") de la LEC– es que deberá resolverse "*con arreglo a los hechos que hayan sido objeto de debate y resulten probados, con independencia del momento en que hubieren sido alegados o introducidos de otra manera en el proceso*" (art. 752.1 LEC). No puede descartarse, por ejemplo, que una de las partes alegue, una vez precluidos los escritos de alegaciones, el hecho de haber iniciado una relación de pareja, e interese en el acto de la vista la declaración testifical de la nueva pareja.

Puede resultar pertinente la declaración de la nueva pareja tanto en cuanto a los efectos personales –organización de la rutina familiar en la nueva pareja– cuanto a los efectos patrimoniales –fuentes de ingresos de la nueva unidad familiar y sistemas de distribución de gastos entre ellos–. Lo más frecuente puede ser la vivienda en que reside la nueva pareja, si es de titularidad individual o conjunta, o si la habitan conforme a un título de propiedad o de alquiler, y la contribución al pago de la hipoteca o del alquiler, aun cuando tales extremos también pueden resultar acreditados por documental.

2. El juicio de utilidad (art. 281.2 LEC)

El apdo. 2.º del ya citado art. 281 LEC define la utilidad, también en términos negativos y categóricos, con la siguiente expresión: "*Tampoco deben admitirse, por inútiles, aquellas pruebas que, según reglas y criterios razonables y seguros, en ningún caso puedan contribuir a esclarecer los hechos controvertidos*".

---

[7] STC, Sala Segunda, de 10 de abril de 1985, fundamento jurídico 9.º (La Ley 77/1985-3). Más matizadamente, se ha afirmado que la relevancia es condición previa de la admisibilidad, ligada a la contribución potencial, no real, de la prueba de los hechos controvertidos (Andino López, J. A. "Relevancia y admisibilidad de la prueba", Ley Probática n.º 2, 1 de octubre de 2020, pág. 81).

Deben inadmitirse, por inútiles, aquellas pruebas por medio de las cuales aparece como imposible o irrazonable probar aquello que se pretende. El criterio de la utilidad o inutilidad, a diferencia del de la pertinencia, no afecta tanto al hecho que se va a probar, cuanto al medio de prueba propuesto para la prueba.

A nivel dogmático, se han distinguido dos supuestos de inutilidad de los medios de prueba. Los medios de prueba innecesarios, esto es, aquellos que versan sobre hechos que explícitamente o implícitamente han sido reconocidos. Y los medios de prueba superfluos, aquellos que son inútiles por haberse practicado con pruebas suficientes para poder resolver sobre lo que se pretende[8]. También se ha añadido aquel supuesto en que la prueba ha sido propuesta con la intención maliciosa de retrasar el proceso judicial y no para acreditar hechos controvertidos[9].

No debe confundirse la utilidad de la prueba con su eficacia –ya que la relevancia de la prueba se advierte una vez practicada– ni con su abundancia –pues el hecho de que existan otros medios de prueba no debe conducir a su inadmisión–[10].

Al igual que acabamos de exponer con respecto a la pertinencia, puede resultar útil la testifical de la nueva pareja, quien por razón de la convivencia con el progenitor/a puede aportar información relevante sobre la organización y rutina familiar y sobre los ingresos y gastos de la nueva unidad familiar, particularmente también sobre sus propios medios de vida y sus ingresos y, en su caso, la contribución al pago de los gastos derivados de la adquisición o alquiler de la vivienda donde reside la familia reconstituida.

Puede suceder que la vivienda donde reside la familia reconstituida sea titularidad exclusiva de uno de ellos y el otro progenitor contribuye a los gastos de suministros, y otras veces, que la familia reconstituida decida la adquisición de una nueva vivienda –en régimen de titularidad o alquiler–, y puede ser útil la declaración de la nueva pareja a los efectos de precisar o aclarar extremos tales como la contribución al préstamo hipotecario o al pago de la renta mensual de alquiler o a los suministros y demás gravámenes sobre la vivienda (seguros, comunidad de propietarios, derramas, impuesto de bienes inmuebles, etc.).

En ocasiones se ha denegado la prueba testifical de la nueva pareja sobre la base de que su declaración, en cuanto subjetiva, será inútil. Así, en la SAP Lleida de 13 de mayo de 2019, que aborda una demanda de modificación de medidas en solicitud de reducción de pensión por alimentos por caída en peor fortuna y empeoramiento en la salud, y en la que se deniega en la instancia –y se confirma en apelación– la prueba testifical propuesta por el actor consistente en la declaración de su actual esposa. En la parte que interesa se razona:

"Comparte la Sala la denegación de dicha prueba por cuanto efectivamente no podemos perder de vista la subjetividad inherente a la declaración de la actual esposa del actor, siendo que del examen de las cuestiones o extremos que quieren plantearse a la misma,

---

[8] Gete Alonso, B. (1991) *La pertinencia y utilidad de la prueba*, Servicio de Publicaciones de la Universidad de Navarra, págs. 98 a 107.

[9] Andino López, J. A. *Relevancia y utilidad de la prueba: un estudio de derecho comparado*, *op. cit.*, pág. 86.

[10] Picó i Junoy, J. (2005) "El derecho a la prueba en la nueva Ley de Enjuiciamiento Civil", en *Problemas actuales de la prueba civil*, Barcelona, Bosch, págs. 46 a 49.

se desprende que pretende el apelante cambiar unos hechos que ya fueron debidamente valorados y probados en el anterior procedimiento de modificación de medidas en el que recayó sentencia firme, como son el tema de la venta de los camiones, las razones y fecha de los mismos y la venta de los vehículos. Y el resto de extremos, situación económica y médica actual del actor, resultan de la abundante documental aportada a las actuaciones, por lo que dicha declaración resulta innecesaria"[11].

Sobre la carga de aportación del testigo (nueva pareja) en supuestos de extinción de la pensión compensatoria por convivencia con un tercero, resulta oportuno traer a colación la SAP Barcelona, Sección 12.ª, de 8 de marzo de 2015: en la instancia se había apreciado la extinción de la pensión compensatoria por convivencia beneficiaria con un tercero, y dicha resolución se revoca en la Audiencia Provincial y se contienen consideraciones sobre la necesidad o no de la declaración testifical del tercero (supuesta pareja) en los siguientes términos:

"Merece especial comentario el último de los argumentos de la sentencia de primera instancia en el que el juez destaca y valora para reforzar la tesis de la extinción el hecho de que la demandada no haya llamado como testigos a la supuesta pareja, y a su propia madre (abuela) con la que ambas han convivido. Dice la resolución que debió traerlas al proceso para aclarar la naturaleza de la relación existente, olvidando que la controversia surge en un proceso de modificación de medidas reguladoras del divorcio en el que la carga de la prueba corresponde al actor, por lo que a la demandada no puede serle exigida ninguna responsabilidad probatoria, le basta con negar, como ha hecho, puesto que tiene a su favor la eficacia de la cosa juzgada formal y material que se deriva de la sentencia de 25.10.2010 en la que se constituyó a su favor una prestación compensatoria indefinida, por acuerdo expreso habido entre las partes que debe ser cumplido en sus propios términos, y que quedó reflejado en el pacto 4.º del convenio regulador (el marido a cambio, además, fue reintegrado con la propiedad íntegra del domicilio familiar). La naturaleza convencional de la prestación refuerza el carácter indefinido de la misma tal como ha señalado el TS en las SSTS de 28.3.2012 y 11.12.2015"[12].

V. Práctica de la prueba testifical

1. Las preguntas generales al testigo (art. 367 LEC)

El interrogatorio de testigos se inicia con las llamadas *"preguntas generales al testigo"* (art. 367 LEC), también llamadas *"preguntas generales de la ley"*, al ser enumeradas por el legislador, que deberán ser formuladas imperativamente por el juez, tras el juramento o promesa de decir verdad (art. 365 LEC), a cada uno de los testigos.

Siguiendo a De Paula, dichas preguntas pueden clasificarse en preguntas destinadas a la identificación del testigo (nombre, apellidos, estado, profesión y domicilio), preguntas destinadas a la verificación de la idoneidad del testigo (relación de parentesco con las

---

[11] SAP Lleida, Sección 2.ª, 240/2019, de 13 de mayo (ROJ: SAP L 331/2019; ECLI:ES:APL:2019:331).

[12] SAP Barcelona, Sección 12.ª, 165/2015, de 8 de marzo (ROJ: SAP B 3290/2016; ECLI:ES:APB:2016:3290).

partes, abogados o procuradores) y preguntas destinadas a la obtención de elementos valorativos del testigo (relación de dependencia o comunidad de intereses con las partes, procuradores o abogados; interés en el asunto; amistad o enemistad con las partes, procuradores o abogados; y condena por falso testimonio[13]).

Como novedad de la LEC de 2000, al terminar de formular las generales de la ley, las partes pueden manifestar circunstancias relativas a la parcialidad del testigo, y el juez puede interrogar sobre las mismas (art. 367.2 LEC), de modo que la LEC de 2000 sustituyó el "*sistema de inhabilidades para declarar*" (art. 1247 CC) por un "*sistema de denuncia de la imparcialidad*", a instancia de parte (Sentencias de las AA. PP. Málaga de 18 de febrero de 2004 y Lleida de 31 de mayo de 2004[14]).

En la práctica forense, lo habitual es que la circunstancia de ser "nueva pareja" ya aparezca en la proposición oral (o en la minuta escrita) de prueba, y que el propio testigo ponga de manifiesto tal circunstancia al responder a las generales de la ley.

La circunstancia de "nueva pareja" puede tener encaje en el apdo. 2.º del n.º 1 del art. 367 LEC, al preguntar al testigo "*Si ha sido o es cónyuge... de alguno de los litigantes*" que, en interpretación finalista, puede extenderse no solo a las nuevas parejas que han contraído matrimonio, sino también a las que forman parejas estables.

De ahí que, una vez el juzgador tiene constancia de que el testigo que va a deponer es una "nueva pareja", pueda resultar más oportuno formular unas preguntas generales *ad hoc*, con la finalidad de conocer más detalles sobre el vínculo que une al testigo con uno de los litigantes, máxime teniendo en cuenta la diversidad de la institución familiar e, incluso, de relaciones de nuevas parejas.

A título de ejemplo, y sin ánimo exhaustivo, se pueden formular, en función de las circunstancias del caso, alguna o algunas de las siguientes preguntas:

i) Por el tiempo de duración de la relación, esto es, cuándo se inició la relación.

ii) Si han formalizado la relación a través del matrimonio o conviven como pareja estable.

iii) El número de personas que conviven con la familia reconstituida y quiénes son estas personas, en particular sobre si ha nacido algún hijo/a de la nueva relación.

iv) Si conviven con el testigo hijos/as procedentes de alguno de los progenitores y qué edades tienen.

v) La localidad en la que residen.

Con estas preguntas generales *ad hoc* se pretende tener una imagen más cercana de la realidad formada por la familia reconstituida y de las relaciones existentes tanto entre los adultos entre sí como, en su caso, entre los hijos procedentes de cada uno de los progenitores y/o los hijos nacidos de la familia reconstituida.

---

[13] De Paula, F (1968) *La prueba de testigos en el proceso civil español*, Madrid, Reus, págs. 160 y 161.

[14] Sentencias de las AA. PP. Málaga, Sección 4.ª, de 18 de febrero de 2004, Fundamento Jurídico 2.º, y Lleida, Sección 2.ª, de 31 de mayo de 2004, Fundamento Jurídico Único.

2. El motivo de tacha del art. 377.1.2.º LEC

Sabido es que la tacha es una circunstancia que, en abstracto y *a priori*, puede suscitar dudas sobre la credibilidad de un testigo. En los procesos de familia, los testigos más comunes son los hijos mayores de edad, los parientes cercanos, las nuevas parejas y las personas vinculadas a las partes por una relación profesional (como psicólogos o pedagogos) o asistencial (por ejemplo, canguros o asistentes del hogar), lo cual no les inhabilita para prestar declaración, aun cuando exigirá mayor prudencia y cautela en la valoración de su testimonio.

Sobre este particular podemos traer a colación, entre otras muchas, las siguientes resoluciones:

– SAP Palma de Mallorca de 12 de marzo de 2015: "*El mero hecho de que se trate de familiares, amigos, compañeros o conocidos de las partes no elimina, sin más, su capacidad probatoria; cierto que deben extremarse las cautelas al valorar este tipo de testigos, pero cuando son los únicos de que dispone la parte, cuando no son tachados por la contraria, cuando esta trata de matizar su declaración mediante su interrogatorio, y cuando la prueba se practica con el más escrupuloso respeto al principio de contradicción, no resulta razonable negar por principio credibilidad a esas declaraciones testificales, porque ello sería tanto como condenar de antemano a la parte, en cuanto que se le privaría de la única prueba posible para adverar su versión de los hechos*"[15].

– SAP Asturias, Sección 6.ª, de 20 de junio de 2005: "*Por otro lado, en los pleitos familiares no sirve con invocar la mera situación de parentesco entre las partes o entre estas y los testigos para, sin más demostración, intentar ignorar el contenido de sus declaraciones (ya lo advertía el art. 1.247, último párrafo, del Código Civil y que por su notorio carácter de norma interpretativa lógica o de sentido común debe ser mantenida de forma continuada), en este caso totalmente fundadas a pesar del criterio del apelante, porque aunque dicho testigo fuera el suegro del apelante, ello no resta importancia a su declaración respecto del contenido o importancia del negocio de compraventa de vehículos de segunda mano que regenta el actor, pues tal conocimiento derivaba del hecho, plenamente reconocido, de que durante varios meses fue quien dirigió o administró dicho negocio por la enfermedad del referido apelante. El propio gestor administrativo reconoció, aun sin entrar en detalles, la forma en la que el apelante tenía por costumbre operar en su negocio, sobre todo a efectos fiscales; lo que se corrobora con el simple dato del número de vehículos que gestionó en tiempo próximo al del presente procedimiento*"[16].

– SAP Cádiz de 2 de mayo de 2007: "*(...) y aun cuando no se diga, es palmario que en los asuntos relativos a la vida privada y de familia, pese a que exista un determinado interés y una relación que permita,* a priori, *la tacha de un testigo es indudable que nadie mejor que los miembros de una familia o del círculo más cercano para dar fe de determinados acontecimientos y actitudes que han de ser justamente valorados de cara al establecimiento*

---

[15] SAP Palma de Mallorca, Sección 3.ª, de 12 de marzo de 2015, Fundamento Jurídico 4.º (ROJ: SAP IB 412/2015; ECLI:ES:APIB:2015:412).

[16] SAP Asturias, Sección 6.ª, de 20 de junio de 2005, Fundamento Jurídico 2.º (ROJ: SAP O 1801/2005; ECLI:ES:APO:2005:1801).

o modificación de medidas personales o patrimoniales derivados de los pleitos de dicha naturaleza. Ya la redacción del artículo 1.247 del CC antes de la derogación por la LEC vigente dejaba sin efecto la inhabilidad por disposición de la ley del suegro o suegra en los pleitos del yerno y la nuera y viceversa cuando se tratara de probar cualquier hecho íntimo de la familia que no fuera posible justificar por otros medios. Hoy desaparecido aquel artículo y la inhabilidad por disposición de ley, resta la institución de la tacha, y de siempre se ha sostenido jurisprudencialmente que la tacha no inhabilitaba necesariamente la declaración del testigo en quien concurriera semejante circunstancia sino que introducía un motivo de recelo o sospecha de cara a que se pudiera o no tener en cuenta en la valoración de dicho testimonio que sin embargo podía ser obviado por el Juez o tribunal si pese a ello resultaba creíble"[17].

Con respecto a las nuevas parejas, les resulta de aplicación el motivo de tacha contenido en el apdo. 2.º del art. 377.1 LEC, consistente en "*ser o haber sido cónyuge o pariente por consanguinidad o afinidad dentro del cuarto grado civil de la parte que lo haya presentado o de su Abogado o Procurador o hallarse relacionado con ellos por vínculo de adopción, tutela o análogo*".

Así, podemos entender que si la "nueva pareja" ha contraído matrimonio tiene encaje en el inciso "*ser cónyuge*", y si se trata de una pareja estable tiene encaje bien en una interpretación finalista del "*ser cónyuge*" o bien en el inciso final de "*hallarse relacionado [con la parte] por vínculo análogo*".

La tacha de la "nueva pareja" podrá proponerse desde el momento en que se admita la prueba testifical hasta que comience el juicio o vista (art. 378 LEC) y, de formularse, lo más habitual es que sea reconocida por la parte adversa, no resultando tampoco extraño que al proponer la testifical de la "nueva pareja", y a efectos de apostillar o justificar su pertinencia y utilidad, la parte proponente deje constancia de tal circunstancia.

VI. Valoración judicial de la declaración testifical de la nueva pareja

1. Las circunstancias admonitivas del art. 376 LEC

Dispone el art. 376 LEC que "*los tribunales valorarán la fuerza probatoria de las declaraciones de los testigos conforme a las reglas de la sana crítica, tomando en consideración la razón de la ciencia que hubieren dado, las circunstancias que en ellos concurran y, en su caso, las tachas formuladas y los resultados de la prueba que sobre estas se hubieran practicado*".

Las reglas de la sana crítica, en conocida definición de Guasp, "*son los criterios normativos («reglas», pero no jurídicas) que sirven al hombre normal, en una actitud prudente y objetiva («sana») para emitir juicios de valor (estimar, apreciar: «crítica» acerca de una realidad)*"[18]. En un anterior estudio las definimos como "*reglas no jurídicas derivadas de la*

[17] SAP Cádiz, Sección 5.ª, de 2 de mayo de 2007, Fundamento Jurídico 1.º (ROJ: SAP CA 931/2007; ECLI:ES:APCA:2007:931).

[18] Guasp, J. *Comentarios a la Ley de Enjuiciamiento Civil*, tomo II, vol. 1.º, 2.ª parte, Madrid, M. Aguilar, pág. 674.

lógica, la experiencia y la ciencia que sirven para fundar una valoración razonada de la prueba y permiten su control posterior por otro órgano de enjuiciamiento superior"[19]. En la jurisprudencia se configuran como "*un sistema integrado por las reglas de la lógica y de la experiencia*" (STS de 17 de septiembre de 2019[20]), y otras veces con inclusión, también, de los postulados científicos, y así se afirma que son "*las reglas de la lógica, las máximas de experiencia o los criterios generalmente aceptados por la ciencia*" (SSTS de 28 de diciembre de 2007[21] y de 3 de marzo de 2008[22]).

La singularidad del art. 376 LEC es que la referencia a las reglas de la sana crítica –y a diferencia de lo que sucede, por ejemplo, con la misma referencia a la sana crítica en la prueba pericial en el art. 348 LEC– va acompañada de tres criterios admonitivos, referidos a la razón de ciencia, circunstancias concurrentes y, en su caso, la tacha y la prueba practicada sobre la misma.

A) La razón de ciencia

También denominada razón del dicho e identificada con las circunstancias de tiempo, modo y lugar que hagan verosímil el conocimiento de los hechos por el testigo y la ocurrencia de los mismos[23].

En la declaración testifical de la nueva pareja interesa no solo aquello que afirma, sino su fuente de conocimiento, que resultará de la convivencia con el otro progenitor y, más particularmente, del conocimiento de la organización familiar y de los medios de vida del otro progenitor, así como de los propios. No puede obviarse que, a menudo y en supuestos de modificación de medidas definitivas por el nacimiento de nuevos hijos en la nueva pareja, puede resultar útil conocer los ingresos económicos y recursos de la nueva pareja.

B) Las circunstancias concurrentes

Las circunstancias concurrentes se refieren a "*las relaciones del testigo con las partes y con los hechos sobre los que declara*" (SAP Córdoba de 13 de enero de 1997[24]).

En la declaración testifical de la nueva pareja, el hecho concurrente es obvio, pues deriva de la nueva relación de pareja, lo que, por una parte, le permite tener un conocimiento más preciso de la organización familiar y del sistema de contribución a los gastos comunes, y por otra parte, resultará un testigo afectado por la resolución judicial.

---

[19] Abel Lluch, X. (2015) *Las reglas de la sana crítica*, Madrid, La Ley, págs. 47 y 48.

[20] La STS, Sala Primera, 468/2019, de 17 de septiembre (ROJ: STS 2854/2019; ECLI:ES:TS:2019:2854), razona: "*La valoración probatoria se concibe como la actividad intelectual que ha de realizar el Juez a los efectos de determinar, con respecto a las afirmaciones fácticas realizadas por las partes, si estas se han visto corroboradas por las pruebas propuestas y practicadas en el proceso, sometiendo a las mismas a un examen fundado en máximas de experiencia obtenidas por el propio Juez o establecidas en la ley, así como a través de los más elementales postulados de la lógica y la razón –sana crítica–, proceso que, además, ha de exteriorizar en la motivación de la sentencia, que zanja el conflicto judicializado sometido a su consideración. Desde esta perspectiva,* ***la sana crítica se concibe como un sistema integrado por las reglas de la lógica y de la experiencia***" (la negrita es nuestra).

[21] STS, Sala Primera, de 28 de diciembre de 2007.

[22] STS, Sala Primera, 159/2008, de 3 de marzo (ROJ: STS 3266/2008; ECLI:ES:TS:2008:3266).

[23] Devis Echandia, H. *Tratado de las pruebas judiciales*, pág. 122.

[24] SAP Córdoba, Sección 2.ª, de 13 de enero de 1997.

C) El motivo de tacha

Ya hemos comentado que el motivo de tacha, en el caso de la nueva pareja, tiene encaje legal en el apdo. 2.º del art. 377.1 LEC.

2. La motivación de la credibilidad o incredibilidad de la declaración

La motivación judicial de la credibilidad o no credibilidad del testigo es un proceso mental del juez complejo, en el que deberá expresar su proceso de interpretación y valoración de un testigo particular.

Con carácter general, como argumentos favorables a la credibilidad se puede enunciar: relevancia de la información, ajenidad a la controversia, indicios de fiabilidad, fuente de conocimiento, coherencia de la declaración, espontaneidad en la declaración, circunstancias concurrentes y corroboración por otros medios de prueba.

Y como argumentos contrarios a la credibilidad: irrelevancia de la información, interés en la controversia, falta de fiabilidad de los indicios, relato contradictorio, ausencia de la fuente de conocimiento, falta de espontaneidad en la declaración, respuestas vagas o evasivas, circunstancias concurrentes y contradicción con otros medios de prueba[25].

En la valoración de la credibilidad de la declaración de la nueva pareja, y si bien por una parte lo más habitual es que aporte información relevante, en una declaración espontánea y coherente, tampoco puede ignorarse que se trata de un testigo interesado en la medida que resultará afectado por el resultado del juicio y sus manifestaciones puedan resultar contradichas por otros medios de prueba.

En la casuística jurisprudencial encontramos resoluciones en las que no se otorga credibilidad a la declaración de la nueva pareja por su interés directo en el asunto. Así, en las siguientes resoluciones:

– AAP Girona, Sección 2.ª, de 27 de octubre de 2017: "*Acordada en segunda instancia la práctica de la prueba testifical que peticionada por este recurrente había sido denegada indebidamente en la primera, la declaración de las Sras. Margarita y Serafina, vino a revelar que la Sra. Asunción inició la convivencia con la nueva pareja en la vivienda titularidad de los dos litigantes, a primeros del año 2012, según la primera testigo y entre finales del 2011 y primeros del 2012, según la segunda.*

Al margen de apreciaciones subjetivas e interesadas, lo cierto es que no hay motivo para dudar de la credibilidad de las citadas testigos, que en tanto vecinas de la ejecutante veían cómo la nueva pareja residía habitualmente en la vivienda de propiedad común de los litigantes, quedándose a pernoctar en ella y saliendo por las mañanas de casa con una niña que no era hija de la ejecutante, sino del propio compañero de esta, lo cual ocurría desde el inicio del año 2012, quedando por ello desvirtuada la declaración del compañero de la Sra. Asunción [nueva pareja], cuyo interés directo en el asunto es palmario, así como del certificado de empadronamiento que en tanto documento administrativo del que se deriva

[25] Ver extensamente nuestro estudio *La valoración de la credibilidad del testigo*, Madrid, La Ley, 2020, págs. 120 a 126.

la condición de vecino del municipio, no resulta determinante frente a la apreciación directa de las vecinas que efectivamente percibían la realidad de la situación y de la efectiva convivencia que mantenía la ejecutante con su nueva pareja en la vivienda que era familiar"[26].

– SAP Mallorca, Sección 4.ª, de 28 de julio de 2016. Se trata de una demanda interpuesta por el abogado del Estado en solicitud de restitución internacional de un menor frente a la madre, que decide no regresar a Polonia tras sus vacaciones en Mallorca. Se declara que el traslado del menor a Mallorca fue ilícito y se acuerda el retorno del menor a Polonia. Se valora el art. 13 del Convenio de La Haya de 1980 y, en cuanto a la testifical, se confirma la valoración de la instancia:

"2. La declaración como testigo de la pareja de la demandada, que tiene un evidente vínculo con la misma que determina que su declaración no pueda considerarse imparcial y objetiva, en especial, teniendo en cuenta la sensible materia que nos ocupa"[27].

3. Casuística jurisprudencial

A) A efectos de acreditar la capacidad económica de los progenitores

– SAP Albacete de 10 de diciembre de 2019. En un supuesto de demanda de modificación de medidas definitivas se acuerda la reducción de una pensión por alimentos del padre a favor de una hija mayor de edad, y para acreditar la capacidad económica del padre obligado al pago se atiende a la declaración testifical de la nueva pareja.

"h) Que la circunstancia de que el padre haya venido pagando las pensiones de las dos hijas, que ascendían a 550 euros, no conlleva que deba seguir abonando la pensión actualizada para la hija Celia, pues la misma no guarda proporción con sus ingresos. Y si hasta la fecha las ha podido abonar ha sido con la ayuda de su pareja, que al igual que él es pensionista, como se puso de manifiesto en la declaración testifical"[28].

– SAP Córdoba, Sección 1.ª, de 9 de diciembre de 2019. Se contiene una referencia a la declaración testifical de las nuevas parejas a efectos de acreditar la capacidad económica de los progenitores.

"En la demanda inicial se solicitó por el Sr. Luis María una pensión para su hijo que ascendía a 200 euros mensuales, aunque no se especificó cuáles son los ingresos de los progenitores ni las necesidades del menor. En el convenio aprobado por sentencia de divorcio se fijó que el padre abonaría la suma de 210,40 €. Consta que el 14.12.2016 la Sra. Eloísa compareció en el Juzgado manifestando que carece de medios para designar abogado y procurador, sin que en la contestación a la demanda tampoco se haga mención a los ingresos que tiene. En el recurso de apelación se señala por el demandante que no solicita pensión de alimentos, aunque reconoce que el Fiscal se opuso al entender que era necesario fijar una pensión cuando la guarda es ejercida por un solo progenitor. En el recurso interpuesto por la Sra. Eloísa, se señala «que los ingresos de ambos progenitores se encuentran equiparados

---

[26] AAP Girona, Sección 2.ª, 187/2017, de 27 de octubre (ROJ: AAP GI 914/2017; ECLI:ES:APGI:2017:914A).

[27] SAP Mallorca, Sección 4.ª, 260/2016, de 28 de julio (ROJ: SAP IB 1416/2016; ECLI:ES:APIB:2016:1416).

[28] SAP Albacete, Sección 1.ª, 484/2019, de 10 de diciembre (ROJ: SAP AB 885/2019; ECLI:ES:APAB:2019:885).

y compensados como así pudo dilucidarse de las declaraciones de los mismos y las testificales de sus correspondientes parejas» [nueva pareja], por lo que ante la ausencia de prueba documental que avale lo expuesto, se señalará el mínimo vital (una pensión por alimentos que ascienda a 150 €, tal como interesó el Ministerio Fiscal en el acto de la vista), y ello con independencia de los acuerdos que al respecto lleguen los progenitores, máxime si se tiene en cuenta que se establece un régimen de visitas muy flexible"[29].

– SAP Lleida, Sección 2.ª, de 18 de octubre de 2018. Se trata de una demanda de modificación de medidas en la que se estima un aumento de la pensión por alimentos a favor del hijo común y a cargo del padre. Se valora, pero no se otorga credibilidad, a la declaración testifical de la nueva pareja del padre, habiéndose alegado que el padre se encontraba en la misma situación que cuando se fijó la pensión, y que era de paro.

"Efectivamente la abundante documental obtenida de las redes sociales aportada por la actora tanto junto a la demanda como en el acto de la vista, acredita sin lugar a dudas la existencia de varias actividades relacionadas con el pintado y la venta de vehículos de segunda mano, resultando las explicaciones dadas por el demandado y por su pareja [nueva pareja] en las declaraciones que prestaron en el acto de la vista completamente inconsistentes y carentes de toda lógica"[30].

– SAP Lleida, Sección 2.ª, de 9 de febrero de 2017. Versa sobre una demanda de modificación de medidas interesando por el padre la reducción de la pensión por alimentos a favor del hijo menor de edad por disminución de su capacidad económica. Se valora la testifical de la nueva pareja del actor y también su capacidad económica.

"De la prueba practicada se desprende también que el actor vive en pareja, compartiendo, por tanto, gastos con la misma, habiendo manifestado esta [nueva pareja] en la declaración testifical prestada en el acto de la vista que trabaja de administrativa en un despacho, percibiendo un salario neto mensual de entre 900 y 950 €"[31].

– SAP Barcelona, Sección 18.ª, de 26 de enero de 2018. Demanda de modificación de medidas con petición de reducción de pensión por alimentos por nacimiento de un nuevo hijo de una nueva relación. Se valora de la testifical de la nueva pareja en los términos siguientes:

"Cuestión distinta es la del nacimiento de un hijo en enero de 2007, hecho posterior a la sentencia de divorcio. La sentencia apelada señala que es reiterada la doctrina jurisprudencial relativa a que el nacimiento de nuevos hijos no puede determinar el perjuicio económico a los hijos habidos con anterioridad, debiendo preservarse las obligaciones asumidas con anterioridad. Ahora bien, tal doctrina jurisprudencial ha sido mitigada en recientes resoluciones en el sentido de apreciar la nueva carga alimenticia que representa el nacimiento de un nuevo hijo, cuando tenga una real incidencia en la capacidad económica del progenitor, pues lo contrario podría ir en detrimento de las necesidades del nuevo hijo que como menor tiene derecho a que se cubran dignamente sus necesidades.

---

[29] SAP Córdoba, Sección 1.ª, 748/2019, de 9 de diciembre (ROJ: SAP CO 687/2019; ECLI:ES:APCO:2019:687).

[30] SAP Lleida, Sección 2.ª, 573/2018, de 18 de octubre (ROJ: SAP L 709/2018; ECLI:ES:APL:2018:709).

[31] SAP Lleida, Sección 2.ª, 76/2017, de 9 de febrero (ROJ: SAP L 106/2017; ECLI:ES:APL:2017:106).

En este sentido se ha pronunciado el Tribunal Supremo en sentencia de fecha 3 de octubre de 2008, que viene exigiendo sin embargo el conocimiento del caudal o medios con los que cuenta la nueva unidad familiar, siendo por tanto preciso probar si la nueva pareja contribuye económicamente al sostenimiento de la nueva carga o por el contrario si el sustento del hijo queda a expensas exclusivamente del padre situación esta que entiende sí redundaría en una disminución de su fortuna.

En el caso de autos no se ha aportado prueba alguna, fuera de la testifical de la nueva pareja, tendente a acreditar la situación económica de la misma y su posible contribución a los alimentos del nuevo hijo, de suerte que no puede afirmarse que sea el padre, ahora recurrente, el único que corre con los gastos de alimentación del menor, por cuanto la testifical practicada en la que la nueva pareja afirma que no trabaja desde el nacimiento del menor, pero sí que lo hacía con anterioridad, a través de ETT pero de forma habitual, no puede considerarse suficiente para entender acreditado dicho extremo, por lo que no puede considerarse en este caso que el nacimiento del nuevo hijo tenga incidencia en la capacidad económica del padre con trascendencia en la pensión de alimentos de las menores, es decir, no puede considerarse como una circunstancia que altera de forma sustancial su capacidad y que en consecuencia debe conducir a la minoración de la pensión"[32].

B) A efectos de acreditar la convivencia en pareja estable como causa de extinción de la prestación compensatoria

– SAP Asturias, Sección 1.ª, de 5 de febrero de 2019. En demanda de modificación de medidas solicitando extinción de pensión compensatoria por convivencia de la beneficiaria con nueva pareja no se otorga credibilidad a la declaración testifical de la "nueva pareja" por considerar que hay relación afectiva de pareja, no mera relación fraternal.

"Y tal prueba no resulta desvirtuada, en modo alguno, por la declaración testifical de don Cosme [nueva pareja], que, en lo esencial, manifiesta: sobre las pernoctas, que se queda a dormir en casa de Lidia cuando está «cansado» o cuando le «apetece»; sobre el hecho de ir cogidos de la mano o con la mano por encima del hombro, que son muestras de cariño normales en su familia; y, finalmente, admite la existencia de un interés directo en el pleito y anuncia que cuando este acabe empezará él otros contra don Argimiro.

En definitiva, además de la relación que se evidencia con las partes, no da explicación satisfactoria sobre las circunstancias objetivas puestas de manifiesto en el informe de detective. Tampoco se acredita que el motivo de las regulares estancias de don Cosme en el domicilio de doña Lidia y restantes evidencias que arroja el informe de detectives puedan responder en exclusiva a la ayuda que don Cosme le presta a doña Lidia en el cuidado de su padre, mayormente cuando ninguno de los días a que se refiere el informe se advierte tal asistencia y se incurre al declarar en notorias contradicciones, así cuando se asume que alguna vez el padre de doña Lidia puede salir solo caminando o que lo más recomendable es que no quede solo en casa (frente a las salidas conjuntas de ambos que pone de manifiesto el informe).

---

[32] SAP Barcelona, Sección 18.ª, 29/2018, de 26 de enero (ROJ: SAP B 4085/2010; ECLI:ES:APB:2010:4085).

En suma, la prueba practicada acredita que estamos ante una relación sentimental y afectiva de pareja, dotada de una cierta intensidad, no ante una mera relación familiar, por muy fraternal que sea, como se sostiene por la parte demandada, lo que no resulta creíble. Además, se trata de una relación sentimental con frecuentes permanencias de don Cosme en el domicilio de doña Lidia. Relación sentimental dotada de cierta estabilidad y exclusividad. Finalmente, se trata de una relación pública, no oculta, mostrándose frente a los otros como pareja y compartiendo tareas domésticas. Se concluye en la existencia de una relación de convivencia estable de pareja, seria y duradera, que hace que proceda acordar la extinción de la pensión compensatoria de acuerdo con lo previsto en el artículo 101 del Código Civil"[33].

– SAP Asturias, Sección 4.ª, de 14 de noviembre de 2018. Demanda de modificación de medidas en solicitud de extinción de pensión compensatoria por convivencia de la beneficiaria con una tercera persona.

"Bien es verdad que en el acto del juicio fue propuesta y declaró como testigo quien dijo ser la pareja de Gabino desde hacía aproximadamente dos años, pero su declaración es tan poco creíble que, de ser cierta tal aseveración, y habida cuenta la relación tan estrecha y continuada en el tiempo que aquel venía manteniendo con la apelada, no se entiende que afirme no conocerla, llegando a decir incluso que él vive en su casa en Gijón cuando no hay constancia alguna de su relación con ningún otro domicilio que no sean los de dicha apelada, a la que la testigo tilda simplemente de «conocida», ignorando además que Gabino durmiese en su casa, cuando este es un hecho no discutido, aunque quiera atribuírsele un carácter puramente ocasional.

Y por si ello fuera poco, la declaración testifical de la madre de Gabino resulta harto reveladora del burdo intento de fingir esa relación de pareja con una tercera persona cuando reconoce que no le había sido presentada hasta el día anterior a la vista y que fue su hijo quien le dijo que era su novia y que iba a vivir con ella, admitiendo incluso que no conocía cuál era su dirección"[34].

– SAP Castellón, Sección 2.ª, de 7 de febrero de 2014. Demanda de modificación de medidas en que se estima la extinción de la pensión compensatoria por convivencia marital de la beneficiaria con una tercera persona. No se otorga credibilidad a la declaración testifical de la "nueva pareja".

"También Don Alonso [nueva pareja] en la declaración que prestó intentó establecer sutiles distinciones nominales, diciendo que «son novios, pero no son pareja», y que como tales novios «están conociéndose». Compartimos el estupor del letrado del actor tras oír esto; no resultando convincente el declarante si tenemos en cuenta que Don Alonso tiene más de 65 años, que ambos conviven y tienen relaciones sexuales desde hace más de dos años, de forma estable y prolongada, aunque intermitente (porque Don Alonso tiene cinco hijos que viven en Madrid) –la Sra. Maribel dice que no viven continuadamente juntos, porque Don Alonso tiene en Madrid cinco hijos a los que quiere mucho, pero que

---

[33] SAP Asturias, Sección 1.ª, 612/2019, de 5 de febrero (ROJ: SAP O 3262/2019; ECLI:ES:APO:2019:3262).

[34] SAP Asturias, Sección 4.ª, 406/2018, de 14 de noviembre (ROJ: SAP O 3344/2018; ECLI:ES: APO: 2018:3344).

puede vivir con ella en Burriana períodos de fines de semana, semanas, quince días, un mes, dos meses (...)–"[35].

C) A efectos de acreditar las relaciones entre progenitores que justifiquen un cambio del sistema de custodia

SAP Alicante, Elche, Sección 9.ª, de 30 de enero de 2019. Se insta demanda de modificación de medidas interesando un cambio de la custodia compartida a la custodia materna, alegando la voluntad de la menor y la mala relación con el padre. Se considera admisible la declaración de la nueva pareja de la madre como medio de prueba para ponderar el mal funcionamiento del sistema de guarda compartida.

"En segundo lugar, la petición de la parte actora y apelante no puede ser acogida porque los medios de prueba aportados son insuficientes para extraer de ellos las graves consecuencias pretendidas A tales efectos, tales medios de prueba serían la exploración del menor llevada a cabo ante el Juez de primera instancia con la intervención del Ministerio Fiscal, el interrogatorio de la madre, la declaración testifical de su actual pareja, D. Maximino, y los mensajes de WhatsApp enviados el 21 de mayo de 2018 por el padre a la madre y a Ismael, aportados junto al recurso de apelación"[36].

---

[35] SAP Castellón, Sección 2.ª, 18/2014, de 7 de febrero (ROJ: SAP CS 140/2014; ECLI:ES:APCS:2014:140).

[36] SAP Alicante, Elche, Sección 9.ª, 40/2019, de 30 de enero (ROJ: SAP A 426/2019; ECLI:ES:APA:2019:426).

Familias reconstituidas y dilemas éticos

Òscar Herrera Ferré, Raquel Ruiz Palacios, Gabriel Martí Agustí, Natàlia Balcells López y Montserrat Berenguer Messeguer

Comitè d'Ètica de l'Equip d'Assessorament Tècnic en l'Àmbit de Familia (EATAF)

I. Introducción

Las llamadas familias reconstituidas o familias enlazadas o ensambladas, como algunos autores las definen, o cualquier otro adjetivo que se utilice para describir estos sistemas familiares, sería solo la forma de nombrar algo que conocemos desde hace ya bastante tiempo y que necesariamente nos debe llevar a reflexionar, ya que cada vez está más presente en nuestro día a día (Davison, 2016).

Así, la primera de estas reflexiones versaría sobre una idea biologicista que a menudo nos ha servido de base para (pre) determinar qué es o no familia o qué es o no es parentesco, y que hoy en día está más en cuestión que nunca. Las nuevas formas de relación social, así como los enormes avances en las técnicas de reproducción humana (inseminación, ovodonación, subrogación, etc.), han configurado nuevos modelos de familia en que el linaje ya no se transmite solo por consanguinidad, y donde las funciones parentales devienen mucho más complejas y a menudo compartidas por varios miembros del sistema familiar, con figuras que antes o bien no existían o bien quedaban sin reconocimiento social.

Las familias enlazadas nos plantean ya de entrada la necesidad de una reflexión profunda para con una determinada idea, un tanto ancestral, que vinculaba la sangre con el parentesco, así como nos hacía pensar que un linaje, en el mejor de los casos, solo podía transmitirse mediante una única vinculación de doble línea (paterna/materna). Así pues, especialmente en términos jurídicos, se habla de determinados grados de parentesco en función de su consanguinidad, y esto sirve para reconocer ciertos derechos y obligaciones, que derivan directamente de estos grados de consanguinidad preestablecidos. Sin embargo, el punto de vista de las disciplinas del ámbito psicosocial, a partir de la realidad que observamos en nuestra praxis diaria, es que los modelos de familia son muy diversos, y no se trata solo de aquellos ligados a la sangre. Por tanto, entendemos que no toda familia lo es por relación de sangre y creemos que también debe ser así para el mundo jurídico.

II. Evolución del concepto de familia

Es cierto que durante largo tiempo ha sido la familia nuclear, heterosexual y basada fundamentalmente en una función reproductora la que, siendo hegemónica, ha sido la única reconocida en nuestra sociedad como modelo tradicional. Sin embargo, sabemos también, gracias a la etnografía y a otras disciplinas, que la familia es algo que a lo largo de los siglos y de las diferentes latitudes ha mostrado diversidad de formas y estructuras, a menudo poco coincidentes con este modelo que ahora llamamos tradicional y que en realidad nunca ha sido el único modelo existente.

Del mismo modo, a partir de la luz que también nos han aportado al respecto las ciencias sociales, encontraríamos consenso en cuanto a afirmar que lo que entendemos por familia estaría más vinculado a su función que a su estructura, y que esta función es, muy prioritariamente, la de facilitar un marco para dar cobertura a toda una serie de necesidades personales y sociales de sus miembros, más allá de la mera función de reproducción biológica.

Así pues, nos encontramos que estos otros nuevos modelos de familia se alejarían de un modelo biparental y heteroparental al que nos habíamos acostumbrado, para pasar a diversificarse en otros modelos en los que, cada vez más, la maternidad y la paternidad biológica/genética y social ya no tienen por qué coincidir, y donde sexualidad, reproducción, heterosexualidad y unión matrimonial tampoco tienen por qué ir unidos (Moncó y Rivas, 2007).

En este sentido, Claudia Grau Rubio y María Fernández Hawrylak (2015) indican lo siguiente:

"*Hasta ahora, lo legal, lo biológico y lo social coincidían: el padre era el esposo de la madre, a quien se le asignaba el rol paterno; la madre era la esposa del padre, a la que se asignaba el rol materno. A partir de los matrimonios o uniones de hecho de personas separadas o divorciadas con hijos no comunes, el progenitor no tiene por qué ser ya el esposo de la madre, ni la progenitora la esposa del padre*" (Sección de Paternaje no genérico, párr. 4).

Así pues, según Sanz, *et al.* (2013), surgen nuevas figuras como el padre y/o madre biológicos que no conviven con los hijos (a menudo menores de edad), el padre/madre biológico que sí convive, la nueva pareja del padre o madre biológicos, conviviente o no, etc. Por lo tanto, podríamos decir que estas relaciones se oponen al pensamiento dual y excluyente del sistema de parentesco en el cual solo existe un solo padre y una sola madre (pág. 33).

Siguiendo estos mismos autores abundando en la cuestión, se nos recuerda que:

"*Estas familias diferencian entre parentesco (estatus jurídico derivado de los lazos biológicos de consanguinidad real o ficticia) y parentalidad (el ejercicio de las tareas relacionadas con la crianza, los cuidados y la educación de los menores). El parentesco es un estatus de padres (padre y madre) regulado por el Código Civil. La parentalidad, en cambio, se refiere a funciones como concebir, criar, dar educación, transmitir un nombre, que son las que corresponden al estatus de padres, pero que los padres pueden dejar y/o compartir con otras personas sin perder dicho estatus. Ser padres implica ejercer diferentes papeles, que en algunas sociedades pueden repartirse entre diferentes personas reconocidas (pluriparentalidad), sin por ello deshacer o disminuir dicho estatus*" (Sanz, *et al.*, 2013, pág. 33).

Asimismo, esto también nos lleva a pensar en los diferentes tipos de estrategias que estas familias asumen en su reorganización:

"*En el funcionamiento de las familias reconstituidas se revelan tres tipos de estrategias: sustitución, duplicación y evitación, según las prácticas desarrolladas por el padrastro/madrastra y por el padre/madre biológicos con relación a los hijastros y a los hijos; las funciones parentales (tareas relativas a los cuidados y atención cotidianos, apoyo escolar, transmisión de hábitos y modales, entretenimientos, salud, enfermedad, educación); y el reconocimiento/denegación de las posiciones de parentesco. Cada una de estas estrategias depende: a) del grado de conflictividad durante y después del proceso de divorcio; b) del tipo de relación existente en la primera familia; c) de la edad y madurez de los hijos en el momento de la recomposición familiar; d) del desarrollo personal de los padrastros, de sus cualidades personales, intereses y personalidad; e) del estado civil del padrastro/madrastra y la existencia o no de hijos de relaciones anteriores; f) de la posición y estatus socioeconómico de los adultos; g) del tipo de custodia y del hecho de que los hijos del primer matrimonio convivan en situación de visita o no; h) del grado de cumplimiento de los acuerdos de visita y económicos del padre/madre no custodio; i) así como de las condiciones que todos los sujetos implicados en estas situaciones crean con sus prácticas discursivas, económicas, espaciales y relacionales*" (Rivas, 2008; Wagner y Mosmann, 2009, como se citaron en Grau Rubio y Fernández Hawrylak, 2015, Sección de Paternaje no genérico, párr. 9).

III. Reflexiones sobre posibles dilemas éticos en familias reconstituidas

Así pues, tal y como hemos descrito, dado que en las familias enlazadas diferentes miembros (muchos de ellos sin vínculo de consanguinidad) asumen nuevas responsabilidades a menudo muy relacionadas con el ejercicio directo de la parentalidad (afectivas, emocionales, educativas y/o económicas), se nos plantea si sería necesario, o incluso si sería de justicia, que se les otorgara algún tipo de reconocimiento legal y/o social (permisos laborales, derechos patrimoniales de los niños y/o adolescentes de aquel núcleo conviviente, derecho sobre decisiones educativas o de salud respecto de estos menores de edad, etc.).

Y es en este punto donde nos surge un interrogante respecto de si se deberían regular o no y, sobre todo, de qué manera, estas nuevas realidades sociales cada vez más presentes en nuestro mundo cotidiano. A la vez que habría que prever el encaje de estos posibles derechos y deberes que se puedan derivar del ejercicio de esta función (co)parental que se lleva a cabo *de facto*, en relación, por ejemplo, con los propios derechos y deberes de los progenitores biológicos no convivientes. Asimismo, algo nada menor, se deberán calibrar los conflictos sobreañadidos que ello pueda suponer, especialmente en familias en conflicto, poco acostumbradas a la cooperación, y que suelen ser aquellas con las que el EATAF trabaja más habitualmente (rivalidades, competiciones, sustituciones, falta de respeto y de promoción de la figura del otro, etc.).

Desde el Comité de Ética (CE) del EATAF, pues, consideramos que todo ello supone un interesante reto que se debe abordar en los próximos tiempos por parte de los diferentes agentes implicados.

IV. Nuevas terminologías

Una vez descrito de manera somera de qué estamos hablando cuando nos referimos a familias enlazadas, reconstituidas, ensambladas, etc., nos planteamos si sería necesario que nos cuestionásemos cómo denominamos a los miembros de estos sistemas familiares sin hacer uso de términos que tradicionalmente, y de manera muy arraigada en nuestra cultura popular, han tenido connotaciones despectivas. Así pues, ¿tenemos que superar términos como madrastra, padrastro o hermanastra para sustituirlos por otros más inclusivos?

Pensamos que quizá fuera bueno superar, en la medida de lo posible, estos términos o, al menos, reflexionar sobre ello. En este sentido, hemos encontrado varias nuevas formas de nombrar estas figuras: hermanos y hermanas afines, o comadre y copadre, entre otros más creativos, y nos ha llamado la atención el uso de estos apelativos alternativos que entidades como la Asociación de Atención a la Diversidad Familiar (AADF) están empezando a difundir.

V. Identificación y jerarquización de los principios éticos en conflicto en casos tipo del EATAF

Como CE del EATAF que trabajamos a diario por el bienestar de la infancia y con toda la diversidad de familias, todo lo expuesto nos lleva a plantearnos una serie de supuestos, dudas y dilemáticas respecto de las familias reconstituidas. En este sentido, desde una mirada ética y sistematizada, quisiéramos hacer alguna aportación sobre lo que puede suceder en relación con las familias reconstituidas en contextos de ruptura.

Estos principios éticos en conflicto se recogen en el Reglamento del CE del EATAF y en su código ético y serían los siguientes:

a) Autonomía:

– Derecho de los niños a ser escuchados respecto de si quieren mantener relación con las figuras familiares que han compuesto su esquema familiar durante una cierta temporalidad que haya permitido generar una vinculación afectiva (exparejas de los progenitores que han efectuado un rol de cuidado y/o convivencia, hijos e hijas de estos, padres de las parejas de los progenitores que han hecho roles de abuelos y abuelas, etc.). Y, en su caso, ¿establecer un régimen de visitas para preservar el mantenimiento de estas relaciones?

– Es decir, que se actúe intencionadamente, con conocimiento y sin influencias.

b) No maleficencia: Preservar al niño del conflicto y evitar ponerlo en riesgo psicosocial (riesgo de perder el contacto con estas figuras, riesgo de comprometer su desarrollo psicoevolutivo, etc.).

c) Beneficencia: Mantener la continuidad de la relación con la que deja de ser pareja del progenitor/a (y familia extensa de este/a), siempre que no se exponga a algún riesgo al niño. Valorar aquella propuesta/medida más beneficiosa para el niño atendiendo a sus necesidades integrales.

d) Responsabilidad:

– De los progenitores para priorizar las necesidades emocionales de los niños (mantener el contacto y la relación con estas figuras) por encima de las propias y diferenciando las necesidades de los adultos (separación de la pareja). (Capacidad para facilitar estas relaciones, preservar a los niños del conflicto adulto).

– Responsabilidad social del sistema jurídico/Administración Pública de garantizar los derechos y velar por las necesidades integrales de los niños.

– De las figuras familiares que han podido ejercer responsabilidad en el cuidado y atención de los niños y, dada la ruptura de pareja, se desvinculan de estas responsabilidades y lazos afectivos.

e) Integridad: Velar por las necesidades globales de los niños (sociales, educativas, emocionales, etc.).

f) Imparcialidad: Evitar dejarse llevar por valores y experiencias personales asociados a las familias reconstituidas.

g) Objetividad: Procurar no dejarse influir por los diferentes discursos de los progenitores y/u otros profesionales que tengan una visión parcializada de la dinámica familiar.

Asimismo, hay otros aspectos relevantes, entre los que destacan:

– **Aspectos médicos:** Para los niños, la pérdida de estas figuras que han hecho roles de cuidado y atención de ellos (total/parcial) en sus vidas supone un duelo (o varios: pérdida de su concepto de familia, pérdida de estas figuras, pérdida del hogar que había sido familiar, cambio de escuela, etc.), que puede ser elaborado con más garantías si se facilitan las relaciones y esto no les supone una ruptura total de estas.

– **Aspectos sociales:** Las relaciones con las figuras de cuidado, sean o no con lazos de consanguinidad, suponen un capital social para los niños que hay que preservar, en su interés. El capital social se entiende como el beneficio que un niño obtiene de los recursos de que dispone en un entorno de vida determinado, comunidad o familia, especialmente en las relaciones más significativas para él (Austin, *et al.*, 2013).

– **Aspectos psicoeducativos:** Los valores éticos y educativos que pueden recibir los niños de estas figuras que han sido significativas en sus vidas durante una parte de su vida.

VI. Bibliografía

Associació Atenció a la Diversitat Familiar (AADF) Glossari de la família enllaçada. Famílies enllaçades. Disponible en: https://diversitatfamiliar.wixsite.com/aadf/glossari-de-la-famlia-enllaada [consultado el 15 de enero de 2021].

Austin, W. G.; Pruett, M. K.; Kirkpatrick, H. D.; Flens, J., y Gould, J. W. "Parental gatekeeping and child custody/child access evaluation: Part I: conceptual framework, research, and application", Family Court Review n.º 51 (3), 2013, págs. 485 a 501. Disponible en: https://doi.org/10.1111/fcre.12045.

Comitè d'Ètica de l'Equip d'Assessorament Tècnic en l'Àmbit de Família (2021) *Reglament del Comité d'Ètica de l'EATAF.* Programa Compartim de gestió del coneixement del Departament de Justícia. Centre d'Estudis jurídics i Formació Especialitzada.

Davison, D. *Familia ensamblada. Justificación de la denominación.* Dr. Dora Davison (8 de junio de 2016). Disponible en: https://dradoradavison-familiasonline.blogspot.com/ [consultado el 15 de enero de 2021].

Grau Rubio, C., y Fernández Hawrylak, M. "Relaciones de parentesco en las nuevas familias. Disociación entre maternidad/paternidad biológica, genética y social", Gazeta de Antropología n.º 31 (1), 2015. Disponible en: http://hdl.handle.net/10481/34248.

Moncó, B., y Rivas, A. M. "La importancia de 'nombrar'. El uso de la terminologia de parentesco en las familias reconstituïdes", Gazeta de Antropología n.º 23, 2007. Disponible en: http://hdl.handle.net/10481/7038.

Sanz, J.; Pont, M. J.; Álvarez, C.; Gonzálvez, H.; Jociles, M. I.; Konvalinka, N.; Pichardo, J. I.; Rivas, A. M., y Romero, E. "Diversidad familiar: apuntes desde la antropología social", Revista de Treball Social n.º 198, abril 2013, págs. 30 a 40.